Guillaume COLLETET

PIERRE DE RONSARD

«SES JUGES ET SES IMITATEURS»

ÉDITION
AVEC INTRODUCTION ET NOTES

PAR

Franca BEVILACQUA CALDARI

A.-G. NIZET
PARIS
1983

© 1983, by Librairie NIZET.

ISBN 2-7078-1021-5

Afin de témoigner à la postérité
Que je fus de mon temps partisan de ta gloire,
Malgré ces ignorants de qui la bouche noire
Blasphème parmi nous contre ta déité,

Je viens rendre à ton nom ce qu'il a mérité,
Belle âme de Ronsard, dont la sainte mémoire
Remportera du temps une heureuse victoire,
Et ne se bornera que de l'éternité.

Attendant que le ciel mon désir favorise,
Que je te puisse voir dans les plaines d'Élise,
Ne t'ayant jamais vu qu'en tes doctes écrits.

Belle âme, qu'Apollon ses grâces me refuse,
Si je n'adore en toy le roy des grands esprits,
Le père des beaux vers et l'enfant de la Muse.

GUILLAUME COLLETET

Vers la fin du XVIᵉ siècle et au début du XVIIᵉ, dans un cadre historique et social troublé et inquiet, se développe en France un régime de centralisme monarchique. Cette tendance répond à l'attente de poètes et de théoriciens qui, partisans de la paix, soutiennent la seule alternative possible aux souffrances provoquées par les guerres civiles. Dans un pays blessé, où la crise des valeurs bouleverse toutes les certitudes, ces écrivains « sont en même temps révélateurs du tissu profond de la conscience, des impulsions, des frustrations, des drames non pas seulement de leur vie personnelle, mais de celle du siècle qui les anime et qu'ils animent »[1]. Parmi eux Guillaume Colletet, à la fois poète, libertin et érudit de grande envergure, fut un lettré extraordinairement sensible, profond connaisseur des littératures classiques et étrangères, de la littérature italienne en particulier[2].

La physionomie de cet académicien, la place qu'il occupa à un moment particulier d'une prise de conscience de réalités culturelles complexes et divergentes, sont amplement décrites dans les études de P. A. Jannini[3]. *Verso il tempo della ragione* met en relief le climat typiquement composite de cette époque de transition, dont Colletet saisit et analysa les exigences[4]. L'introduction à l'*Art poétique* définit les aspects essentiels de l'œuvre critique de cet important témoignage : « la relative autonomie qu'on se plaît aujourd'hui à reconnaître à l'époque de Louis XIII dans le tableau changeant et multiforme du XVIIᵉ siècle, nous invite aussi à nous pencher sur ce texte qui reflète les thèmes, les aspirations, les choix de la génération des années trente, en interprète les problèmes, et

parfois les résout ; un texte où l'on discernera une poétique
originale, où la leçon de Ronsard fait bon ménage avec les
idées de Malherbe. Poétique maniériste, précieuse, baroque
et classique tout à la fois. Sans qu'on puisse lui appliquer sans
autre l'étiquette de pré-classique, son apport figure dans le
creuset d'où est sortie la doctrine appelée classique »[5].

La présente réédition de la *Vie de Ronsard*[6] se situe dans
la ligne tracée par les études de P.A. Jannini, auxquelles elle
renvoie du reste pour tout ce qui touche à Guillaume Colletet
et à son œuvre.

*
* *

Pendant la Commune un incendie brûla, dans la nuit du
23 au 24 mai 1871, les manuscrits de la Bibliothèque du Louvre. Parmi ces pertes irréparables fut emporté le fruit d'une
vie entière de travail et de recherches patientes. C'était le dernier acte d'une tragédie, riche d'événements imprévus et malheureux, qui avait déjà vu se concentrer sur elle à travers plus
de deux siècles, les pires coups du sort. Le manuscrit original
intitulé *Histoire générale & particulière des Poëtes François
anciens & modernes, contenant leurs Vies suivant l'ordre
chronologique, le jugement de leurs Écrits imprimés, & quelques particularités des Cours des Rois & des Reines, des
Princes & des Princesses sous le Règne desquels ils ont fleuri,
& qui ont eux-mêmes cultivé la Poésie, avec quelques autres
Recherches curieuses qui peuvent servir à l'Histoire, par
Guillaume COLLETET, de l'Académie Françoise*, fut para-
doxalement la victime de sa propre étendue, de sa richesse
incroyable, de ses proportions qui découragèrent, à plusieurs
reprises, les plus grands éditeurs[7]. Œuvre célèbre déjà du
vivant de l'auteur, sa publication était attendue par tous ceux
qui avaient eu la possibilité de s'en approcher[8]. Ils n'en
avaient connu que quelques « glanes », petits fragments muti-
lés d'un ensemble qui révélait dans sa totalité bien d'autres
perspectives, en prenant le gigantesque relief du premier véri-

table « monument » érigé à l'histoire des lettres françaises.
Nous nous trouvons dans une période charnière et dans un
pays dont l'identité culturelle s'affirme depuis près de trois
siècles et qui va de plus en plus prendre conscience de ses
valeurs et de son importance nationale. Quelques jugements
sûrs en ce qui concerne la valeur de l'œuvre critique de Colletet nous viennent de Tamizey de Larroque qui sut, le premier,
la reconnaître sans réserves ; il considéra l'*Art poétique*
comme un prélude à la composition de l'*Histoire* : « Dans ce
volume on trouve réunis tous les travaux spéciaux, toutes les
monographies, comme nous disons aujourd'hui, qui assurè-
rent à Colletet un rang éminent parmi les critiques de son
temps. Chacun de ces traités est complet ; l'auteur y épuise la
matière. Il y fait l'histoire de chaque genre avec une sûre érudition et avec un grand agrément. Profondément versé dans
la connaissance de toutes les littératures, il rapproche heureusement les poètes anciens des poètes modernes, et les poètes
étrangers des poètes nationaux. On ne se doute guère de tout
ce que Colletet a mis dans son *Art poétique* de bon sens, de
bon goût, de vaste et solide savoir, en un mot de critique par-
faite ». Et il ajouta à propos des *Vies* : « L'homme qui a si bien
écrit l'histoire des diverses branches de la poésie n'a pas moins
retracé l'histoire des poètes français. La tâche était immense,
presque infinie, et pourtant Colletet n'a pas été inférieur à une
semblable tâche. Remontant jusqu'au berceau de la poésie
française et descendant jusqu'au milieu du XVIe siècle[9], il a
raconté et analysé les œuvres de plus de quatre cents auteurs
avec un soin et un zèle que l'on n'admirera jamais assez. Il a lu
toutes leurs œuvres ; il en cite les fragments les plus remar-
quables, émaillant ainsi de citations, qui, pour la plupart des
lecteurs, ont tout l'attrait de la nouveauté, sa prose inégale,
confuse, traînante, si l'on veut, mais en revanche, originale et
savoureuse... Tout cela forme un ensemble d'informations
d'une inappréciable valeur, et comme n'en possède aucune
autre littérature »[10].
   On n'est jamais parvenu à mesurer complètement les
réelles dimensions de cette perte : ne serait-ce déjà que pour

les noms retenus, différents chiffres nous sont donnés par les
érudits et les bibliothécaires qui ont essayé de « restituer » le
texte original et d'établir les pénibles étapes d'un calvaire où
plusieurs tentatives d'impressions n'aboutirent qu'au sacri-
fice final[11]. Mais tous tombent d'accord pour reconnaître
qu'ont été perdus à jamais les parfums délicats de nombreuses
fleurs poétiques que seules l'érudition et la sensibilité critique
d'un « littérateur très distingué »[12] comme Colletet auraient pu
sauver de l'oubli. A coté des grandes lumières qui, du moyen
âge jusqu'au seuil du XVIIe siècle, ont éclairé l'histoire de la
poésie française[13], ces témoignages « inférieurs » n'auraient
pas moins contribué à révéler les données culturelles d'une
époque importante et extrêmement digne d'intérêt. La copie
du fils de Guillaume, François, disposée selon l'ordre alphabétique et déjà prête pour l'édition, avait brûlé, elle aussi, dans
l'incendie du Louvre[14]. La découverte ultérieure d'une autre
copie permit toutefois de limiter l'étendue de cette dispari-
tion. Il s'agit d'une reproduction partielle (147 « vies ») de
l'adaptation de François Colletet qu'Aimé Martin avait fait
exécuter au XVIIIe siècle, sans grand soin à vrai dire, pour l'u-
tiliser dans ses cours universitaires[15]. Outre cette copie,
d'autres furent successivement retrouvées si bien qu'on peut
considérer que 212 « vies » environ ont été récupérées dont
quelques-unes sont déjà publiées[16].

La *Vie de Ronsard* n'existe pas dans ces copies partielles,
elle apparaît dans la table de 129 noms rédigée par le père
Lelong[17], mais non pas dans celle qui avait été établie en
1730[18]. De toute évidence, les nombreux feuillets relatifs à
cette « vie » avaient alors disparu. Si Prosper Blanchemain ne
les avait pas publiés, ils seraient irrémédiablement perdus.
Nous ne sommes pas à même d'établir si cette « vie » fut préle-
vée dans le recueil original, si elle fut transcrite sur lui ou bien
encore sur la copie du fils de Colletet dont on se servait habi-
tuellement parce qu'elle était plus facilement lisible[19]. Évidemment Blanchemain n'avait pas pu comparer les deux
manuscrits ; il annote au bas de la première page : « Cette
notice est extraite de l'histoire des Poètes Français par G.

Colletet, précieux manuscrit que possède la bibliothèque du Louvre. C'est à l'obligeante bienveillance de M. Barbier, conservateur-administrateur de cet établissement et de M. Rathéry bibliothécaire, que j'en dois la communication». Plus tard, Blanchemain relève quelques incertitudes dans le texte et des ratures qu'il lui faut rétablir, mais nous ne savons pas si elles sont de la main de Colletet père ou fils[20]. Ainsi de la *Vie de Ronsard* n'aurait-il existé qu'un seul manuscrit, passé du recueil original dans le deuxième, pour en être à un certain moment de nouveau extrapolé? Ces doutes difficiles à résoudre reposent sur la variabilité du chiffre rapporté dans les diverses descriptions du manuscrit[21].

Le nombre des «vies» écrites par Guillaume Colletet change peut-être aussi à cause des mutilations occasionnelles qu'il avait subies. Les différents propriétaires entre les mains desquels il était passé au cours de son long itinéraire vers le Louvre, pourraient en avoir vendu des fragments, en avoir prêté ou cédé des parties, alors qu'inversement des découvertes successives en auraient progressivement augmenté le nombre. Les ratures et les différentes écritures, dont parle déjà Viollet Le Duc[22], pourraient faire penser aussi à l'utilisation dans le recueil-copie de François Colletet de quelques textes enlevées de l'*Histoire* originale de son père pour être insérés et adaptés dans l'exemplaire destiné à la presse.

Les études de Léon Feugère qui utilisa habilement cette œuvre pour ses caractères et portraits littéraires du XVIe siècle, donnent sur la question des détails plus précis : «Avec le manuscrit original, assez difficile à déchiffrer, se trouve heureusement une copie, mise au net par l'ordre du duc de Montausier, qui s'est servi de ce livre pour l'éducation du grand dauphin. Écrite de deux mains différentes, elle est très-aisée à lire ; mais il ne faut pas négliger de la comparer avec l'original, pour y corriger quelques inexactitudes»[23].

Gellibert des Séguins, qui a utilisé l'original de Colletet, nous fournit des indications plus détaillées sur l'orthographe incertaine, sur la ponctuation irrégulière et sur la méthode suivie par l'auteur dans ses corrections : cette dernière a souvent permis aux copistes des interprétations arbitraires[24].

Sur le texte original et la copie de Colletet fils, Tamizey de Larroque nous donne d'autres renseignements : « Malheureusement il m'a été impossible, en 1869 et 1870, de continuer à transcrire le texte si embrouillé, si difficile à lire des *Vies des Poètes français*. Je dis le texte, car rien, au contraire, n'était plus aisé que la lecture de la copie : ce qui explique pourquoi la plupart de ceux qui ont publié des fragments du manuscrit de Colletet, ont mieux aimé se servir de la copie que de l'original [en note il ajoute : « la copie est trop souvent tronquée, *arrangée*, en un mot défectueuse »]. Quoique familiarisé depuis longtemps avec l'écriture irrégulière, affreuse, presque diabolique de l'auteur, écriture dont l'encre blanchie rendait les complications plus inextricables encore, je dus reconnaître que le triste état de mes yeux ne me permettait pas de recommencer les luttes paléographiques des précédentes années »[25].

Dans ce manuscrit déjà célèbre, la *Vie de Ronsard* ne pouvait que susciter la plus grande curiosité, non seulement vu l'importance du sujet, mais surtout en raison de la position centrale de cette « vie » à l'intérieur d'un ensemble dont elle constituait le véritable nœud critique. Il nous semble pourtant très curieux que Léon Feugère, en 1848, cite spécialement, parmi les « vies » les plus étendues et les plus intéressantes de Colletet, celles de Sainte-Marthe, de Marot, de Joachim Du Bellay, d'Étienne Pasquier et de Nicolas Richelet, sans aucune mention de la *Vie de Ronsard*[26]. Avait-elle déjà disparu du recueil ? Une autre suggestion, à ce propos, nous vient de la précieuse contribution d'Achille de Rochambeau, qui a permis de récupérer de nombreux et intéressants fragments d'environ 50 « vies » : alors que pour les autres extraits il donne régulièrement la référence complète à sa source (nous révélant ainsi qu'il s'est servi, lui aussi, de la copie préparé pour l'impression), à propos de celui de la *Vie de Ronsard*, il se contente du seul nom de Guillaume Colletet sans indication ni du titre du manuscrit ni du numéro du tome. Il l'avait, en effet, repris de l'édition de Blanchemain[27]. Mais alors pourquoi, en 1872, Louis Paris, qui a constaté le nombre de 182 « vies » dans la copie de François Colletet, insère-t-il celle de Ronsard au Ve tome[28] ? Ainsi, comme nous l'avons déjà dit plus haut, il est impossible de donner une réponse définitive au problème de la source immédiate de Blanchemain pour son édition de la *Vie de Ronsard*.

*
*   *

Avant de passer à une rapide analyse de quelques aspects de la *Vie de Ronsard* que Guillaume Colletet écrivit au mois de mars 1648[29], un éclaircissement s'impose à propos de la valeur sémantique du mot « vie ». Le terme n'a pas, comme on serait facilement porté à croire, le sens traditionnel, limitatif et réductif de *biographie* dont le XIXe siècle a exagéré et épuisé les ressources. Au contraire, il suppose un large éventail, une pluralité de significations, historiques et culturelles, et il renvoie, en particulier, au culte hérité des humanistes pour la *dignité de l'homme*, manifesté à travers les parcours diversifiés et toujours extraordinaires des différentes « vies ». Tableau et cadre d'événements exceptionnels, chaque « vie » se reconnaît et se valorise à partir de ses *gesta*, les seules qui puissent donner un sens à une vie humaine. L'histoire des hommes illustres d'un autre ronsardien dévoué, Scévole de Sainte-Marthe[30], se basait sur les mêmes conceptions. Or, le sens de l'« exploit » varie dans le temps selon les modifications des valeurs et des données culturelles. À la fin du XVIe siècle et au début du XVIIe, la fin des guerres de religion ouvrit la porte à la paix et à la consolidation du pouvoir national. La poésie connut une nouvelle floraison et une nouvelle fonction : « On assiste alors à une sorte de retournement par lequel la poésie ravit à la guerre la plus éminente vertu, qui est de glorification »[31]. La poésie devient un « noble service » qui récupère toutes les valeurs de haute dignité jusqu'alors réservées aux exploits militaires : « On offre sa plume comme on ferait son épée »[31]. Le rôle du poète s'identifia avec celui de défenseur de la paix et de l'ordre monarchique et religieux,

partisan d'un nouvel esprit et d'un culte de la «nation» qui
représentait un progrès par rapport aux tendances centri-
fuges des restes de la féodalité.

La fonction de Guillaume Colletet ne s'explique que
dans cette perspective, c'est-à-dire à travers la nécessité d'«il-
lustration», non seulement par son activité poétique personnelle, mais surtout en érigeant à la France un temple bâti par
les «exploits» d'une quantité immense d'hommes «valeu-
reux» en qui elle pouvait enfin reconnaître ses idéaux, ses racines culturelles, son identité, sa vigueur et sa force. L'histoire
de la «littérature française» dès le moyen âge offrait à ce propos un vaste champ de possibilités et de réalisations, où les
gesta classiques des gens d'armes ont été remplacés par des
opérations d'ordre littéraire[32].

La manière concrète de décrire et d'utiliser cette énorme
matière, une fois épuisés les discours généraux sur les genres
(*Art poétique*), n'était possible et réalisable qu'à travers l'analyse et le rassemblement des différentes expressions indivi-
duelles qu'il dénomma «vies». L'élément biographique,
évidemment, précédait l'analyse de la production littéraire de
chaque auteur, dans le but de la déterminer et de la définir,
mais il ne constituait qu'une partie accessoire dans l'économie
du contexte global où il jouait un rôle insignifiant ou tout à fait
secondaire[33]. Dans la *Vie de Ronsard*, en effet, malgré l'ample dimension du texte par rapport aux autres, ces données
biographiques sont presque totalement supprimées sans
aucune modification du plan habituel. Ce qui intéresse Colletet, c'est surtout, à travers une analyse critique sommaire,
l'assemblage de tant d'œuvres singulières (pas toutes exclusi-
vement poétiques) qui devaient dans l'ensemble constituer un
«corpus» unique et extraordinaire destiné justement à la glorification de la France.

Ce vaste champ sémantique et historique explique et
définit le terme «vie», qui comprend aussi d'autres traits,
doubles et ambigus tels que *homme* et *œuvre*, l'un l'autre s'in-
terpénétrant, se définissant et prenant leur valeur dans un
rapport réciproque et constant. Ils représentent les deux

pôles indifférenciés d'une unité qui n'a pas encore connu la séparation effectuée par la critique la plus avancée du XXe siècle. Il ne faut donc pas confondre, comme les savants du XIXe siècle l'ont fait à maintes reprises, en les utilisant indifféremment à propos de Colletet, les termes *vies* et *biographies* (ce dernier plus en vogue à leur époque). Ce serait opérer, par rapport au projet de l'auteur des *Vies des poëtes françois*, un retour en arrière de la conception et de la méthode critiques.

*
*   *

La place de Ronsard dans cette histoire de la poésie est déjà nettement indiquée par tout ce qu'on vient de dire. Il résumait à la perfection en lui, comme dans un emblême, tout ce qu'on pouvait imaginer de plus noble, de plus hardi, de plus gigantesque. Il représentait l'incarnation même de la poésie telle qu'on la trouve dans les mythes classiques d'Homère et de Virgile, poésie élevée à la plus haute dignité nationale pour la défense des valeurs monarchiques et religieuses à la base de la « grandeur » d'un système centralisé, sommet extrême de ce procédé de glorification dont on a déjà parlé et qui aurait dû trouver au XVIIe siècle, chez Malherbe, un autre paladin dévoué.

Entre ces deux pôles sur lesquels la critique classique et post-classique a forgé tout un code de lieux communs[34], Guillaume Colletet occupe une position intermédiaire qui ne lui est pas exclusive, mais qui appartient à un groupe de poètes de sa génération, ainsi qu'on peut le vérifier d'après les nombreux recueils collectifs de cette époque[35]. À commencer par Pierre de Deimier[36] considéré le chef de file de cette «voie moyenne», «mélange de positions malherbiennes et d'attachement aussi bien à Ronsard, à Desportes, à Du Bartas »[37], de nombreux poètes, parmi lesquels le groupe du Louvre et d'autres de moindre envergure, témoignent de la continuité et de la persistance du mythe ronsardien, à côté de l'admiration envers l'étoile ascendante de Malherbe. La ligne de démarcation entre la sensibilité et l'ordre, le goût et la raison, «les durables séductions de l'image» et «les attirances modernes de clarté et de douceur»[38], n'était pas, surtout au début du siècle, si nette que le prétendent les partisans de l'un ou de l'autre courant. Les traits théoriques fondamentaux de la poétique de Guillaume Colletet l'insèrent tout à fait dans cette position moyenne dont P.A. Jannini a bien répéré, dans sa complexité baroque, les conditions qui vont bientôt mener au *statut* classique : «Mais pour personne, mieux que pour Colletet, on ne peut parler d'une rencontre entre différentes tendances. Etant nées d'une certaine poétique du XVIe siècle — maniériste ou baroque — elles se développent dans ce Baroque qui est aussi ordre et bon goût (comme Flora et récemment Rousset l'ont entendu) et trouvent dans le classicisme leur accomplissement »[39].

La permanence du culte de Ronsard au XVIIe siècle constitue l'un des traits typiques de toute une polémique ardente. René Bray[40], lui aussi, exposa sa théorie sur les origines du classicisme, s'élevant, à ce propos, contre celles de Fuchs et de Desonay[41] : plus récemment, il a été contesté par R.A. Kätz[42] qui fournit une ample documentation sur l'évolution de la renommée de Ronsard au XVIe et XVIIe siècles. Dans cette importante étude, Guillaume Colletet occupe une place de premier plan. Après avoir examiné les auteurs du *Tombeau* de Ronsard et toute une série de jugements d'«opposants» au chef de la Pléiade, Kätz dessine la courbe d'une admiration qui, une fois parvenue à son extrême sommet, retombe lentement jusqu'au refus ou à la dérision totale. Cependant Colletet, le plus complet dans son analyse et le plus élogieux de toute une période qui marqua une forte chute dans l'admiration pour Ronsard, «n'était pas totalement dépourvu de sens critique. En effet il lui aurait été virtuellement impossible d'être à ce point 'attardé' pour se laisser complètement influencer par les normes poétiques de l'époque. Colletet, malgré tout son amour pour la poésie de Ronsard, n'était ni un Garnier ni une mademoiselle de Gournay.

Pour lui, Ronsard était le plus grand poète français, mais non le seul poète de ce pays. Il ne pensait pas non plus qu'en admirant Ronsard, il devait nécessairement attaquer les 'modernes'. Comme d'autres, il était capable de ne pas se limiter à découvrir la beauté dans une seule génération :

> De nos deux grands Héros, dans l'art de bien escrire
> Les effets sont divers, ainsi que les accents ;
> Malherbe avec douceur nous flatte et nous attire
> Mais Ronsard nous transporte et nous charme les
> [sens[43].

Colletet ne fut ni le premier ni le dernier à admirer à la fois Ronsard et Malherbe »[44].

*
* *

Lorsqu'on redécouvrit Colletet au XIXe siècle, on ne comprit pas tout à fait le courant spécifique d'idées auquel l'académicien appartenait. On ne s'entendit pas complètement sur sa production poétique, mais l'unanimité se fit pour apprécier l'importance de son œuvre critique. On lui demandait parfois des qualités littéraires qu'il n'aurait pu avoir, telles que « ces coups de pinceau vifs et caractéristiques », « ces mots significatifs qui expriment la physionomie d'un homme ou le talent d'un écrivain », pour citer Léon Feugère, qui lui reconnaît cependant « du sens et du naturel » et « une certaine pénétration », le définissant aussi « un juge indulgent, ou, pour mieux dire, [...] un homme bienveillant et candide, qui converse avec nous, sans prétendre nous imposer ses décisions »[45].

Feugère avait bien reconnu l'essentiel des qualités de Guillaume Colletet critique : en particulier, son parfait équilibre dans les jugements qui ne permettent jamais à quelque défaut éventuel de cacher les grandes vertus et les innombrables mérites ; Colletet considère, en effet, ces manques insi-

gnifiants comme des petites taches « sur un beau visage »[46]. La
bonhomie est une des qualités suprêmes de ce « juge indulgent » et sain : tout en lui se dissout en douceur, se fond en bon
goût, gentillesse, finesse et sensibilité.

Feugère avait mis en évidence les qualités de son « style-
conversation », de son écriture traînant dans les lois de l'affectivité propres à la langue parlée[47]. Tamizey de Larroque
reconnut, lui aussi, les grandes capacités de communication
immédiate permettant à cette voix de ressortir toute fraîche
du silence de deux siècles et des rayons poussiéreux des archi-
ves : « Je viens de passer de nombreuses journées en la compagnie de Colletet, dans cette somptueuse bibliothèque du
Louvre [...]. Ce commerce si intime et si prolongé m'a permis
d'assez apprécier la valeur de la plupart de ses écrits pour que
j'aie le droit de parler ici de lui comme je parlerais d'un ami
méconnu »[48].

A propos de la *Vie de Ronsard*, surtout, le rythme de
cette écriture-conversation traduit les émotions particulières
que le sujet provoque en lui. La forme entraîne le lecteur
d'une façon immédiate et totale, mue par ce besoin continu et
urgent d'encadrer, d'expliquer, de définir dans des expressions verbales, les mystères du génie poétique. Toute l'œuvre
de Colletet étant aussi une longue enquête sur la poésie et sur
ses possibilités de réalisation, le style « verbeux et diffus »
qu'on lui a reproché[49], découle inévitablement de la prise de
conscience des limites de l'écriture d'ordre rationnel, qui a
besoin de se dilater pour tout dire sans jamais y parvenir.
L'hésitation de Colletet face à l'initiative d'aborder la « vie »
du « plus grand de tous les poètes » n'est certainement pas dic-
tée par les seules raisons qu'il nous indique au début de ce
texte. Le génie de Ronsard dont la sensibilité du poète avait
perçu les profondeurs et l'intelligence du rationaliste avait
connu les difficultés de définition, lui faisait peur. Et, en effet,
son long « excursus » sur l'œuvre du poète vendômois ne lui
permet pas d'en définir les dimensions. Il ne rapporte que du
Ronsard très bien choisi en vérité et qui s'explique tout seul,
par lui-même. En revanche, Colletet fait preuve d'une grande

familiarité (par le biais parfois de récits anecdotiques et de comptes-rendus de traditions orales) et d'une vénération passionnée pour tout ce qui touche au grand poète. Sa riche bibliothèque contenait toutes les éditions de Ronsard parues jusqu'à son temps et un exemplaire des *Rime* du Bembo annoté de la main du poète[50], « relique » dont il était très fier, sans parler de l'exaltation quotidienne qu'il avait éprouvée, habitant la même maison[51], hantant les endroits où son idole avait vécu une fervente saison artistique[52]. Un autre exemple de cette symbiose d'intenses et délicates émotions poétiques : l'image que Colletet nous donne du vieux poète, conscient de sa fin imminente, confiant mélancoliquement sa crainte de s'en aller en automne « avec les feuilles » (voir p. 51).

La répétition obsédante et codifiée des superlatifs, tendant à rendre la grandeur de Ronsard, reflète, plus que tout le reste, le sentiment d'une impuissance à atteindre l'objet de la définition. Le style de Colletet (et son charme) se situe justement dans cette condition d'ambiguïté, contradictoire, et, si l'on veut, baroque. Dans cette lutte entre des données rationnelles et des données irrationnelles, les qualités de son écriture, considérée à la pure surface du signifiant, restent, dans l'histoire des lettres, une anticipation du style de la prose à venir, si proche, elle aussi, des lois de la conversation qui verra, parmi tant d'autres, un Fontenelle et un Diderot.

Le contraste entre la forme et le fond a donc mis en évidence la première : celle-ci, dans une expression linéaire, a résolu de la manière la plus orthodoxe le drame du choix stylistique par rapport aux règles dominantes de l'ordre, de la clarté, du bon goût et de la « douceur malherbienne ».

*
*   *

Nous avons remarqué que les études récentes sur Ronsard, contrairement à celles du siècle dernier, omettent le plus souvent de citer la contribution de Guillaume Colletet. D'autres « vies » ont eu de nos jours, pourtant, plus de chance. Le

« Rabelais » de Colletet, par exemple, a été amplement utilisé dans la « chronologie » qui précède la belle édition des *Œuvres complètes* de Rabelais parue en 1973[53].

Dans son intéressante étude sur le poète vendômois, Gilbert Gadoffre[54] ne faut aucune mention de la *Vie de Ronsard* de Colletet, alors qu'il cite Claude Binet et Étienne Pasquier[55]. L'auteur pourtant, dans ce même texte, utilise bien Colletet, mais à propos de *Joachim Du Bellay*[56].

Cet exemple, entre tant d'autres, suffit à nous convaincre de l'utilité réelle de rendre l'œuvre de Colletet accessible à tous ceux qui, n'ayant aucune possibilité de consulter la *Vie de Ronsard* dans l'édition de Blanchemain, devenue rare et presque introuvable, ne veulent pas se priver d'un important témoignage d'amour et de dévotion de la part d'un « homme de lettres », libertin et érudit, qui, à l'origine de la recherche critique, se dédia entièrement au culte de la poésie.

*

* *

Pour compléter cette édition, nous croyons opportun d'ajouter à la *Vie de Ronsard*, les fragments de quarante-neuf « vies » — qu'Achille de Rochambeau avait extraites de la copie de Colletet fils — où il est chaque fois question de Ronsard. On y rencontre des noms célèbres et d'autres qui le sont moins, mais qui font tous partie de l'entourage culturel du chef de la Pléiade. L'importance, le relief de ce poète se mesurent justement à l'immense résonance de son « écho sonore » : la magie de son art parcourut et frappa une foule énorme, fascinée par la poésie et la beauté. Au centre d'un cercle, fruit d'une opération littéraire collective, Ronsard répand sur les autres sa lumière et « sa puissance de radiation »[57] dont il reçoit en retour le reflet. Guillaume Colletet nous rend encore une fois ainsi l'atmosphère passionnante de ce milieu exceptionnel.

*
*   *

Pour l'orthographe on a scrupuleusement respecté le
texte de Blanchemain : cependant on a distingué *i* de *j* et *u* de *v*
pour en faciliter la lecture. On a rétabli l'accent grave sur le *à*
préposition là où il manquait.

*Au terme de cette introduction, je ne voudrais
manquer d'adresser mes plus vifs remerciements à Mgr
Joseph-Marie Sauget, Scriptor de la Bibliothèque Vati-
cane et à M. Christian Salanson, assistant à l'Université
de Paris I, qui m'ont aimablement apporté une aide
appréciable pour la rédaction française de la présente
étude.*

Rome, mars 1982

Franca Bevilacqua Caldari

1. Henry LAFAY, *La poésie française du premier XVIIe siècle (1598-1630)*. Esquisse pour un tableau, Paris, Nizet, 1975, p. 191. Il analyse, à différents niveaux, ce climat qu'il nomme « mal du siècle ».

2. Lecteur acharné, il avait pour les livres un amour et une vénération sans limites. En parfait bibliophile, il collectionna un grand nombre de textes rares : « La collection de livres formée par Colletet a été mentionnée par le P. Jacob dans son *Traité des Bibliothèques*. M. Asselinau a cité (p. 496 du tome II des *Poètes français*) une page moitié vers, moitié prose, écrite par Colletet fils au sujet de la vente à l'encan qu'il fut obligé de faire de la bibliothèque paternelle. Il y a là des regrets énergiquement exprimés, et où l'ardent bibliophile Charles Nodier a sympathiquement loué une fleur de sentiment que nul n'était plus que lui en état d'apprécier » : Philippe TAMIZEY DE LARROQUE, *Introduction* à *Vies des poètes gascons* par Guillaume Colletet, Paris, Aubry, 1866 (extrait de la « Revue de Gascogne »), p. 17, note n° 3.

La connaissance de la langue italienne permettait à Colletet l'approche directe des textes de cette littérature. Dans *Les Trois Marot*, il donne un exemple de ses profonds liens culturels avec l'Italie. Après avoir cité un passage de Giraldi à propos de Clément Marot, il continue : « & puis que l'on dise que le nom de nos poëtes vulgaires ne passe pas les Alpes avec honneur ! De moy, j'ay de grandes obligations à l'Italie qui est devenue si souvent l'écho de mes vers, & qui si souvent aussy les faict parler sa langue, mais d'un air bien plus noble & plus esclattant que je ne les fis jamais parler la nostre. Vous le tesmoignerez à la postérité grands Bagnis, doctes Camoles, illustres Allaccis qui n'avez pas dédaigné d'estre les fidelles interpretes de mes pensées & de les communiquer aux Nymphes de l'Arne & du Tybre ; je debvois ce me semble cette petite disgression à ces excellens hommes qui m'ont faict tant d'honneur » : *Notices biographiques sur les Trois Marot*, par G. COLLETET, publiées par Georges GUIFFREY, Paris, Lemerre, 1871, p. 53.

3. Pasquale A. JANNINI, *Verso il tempo della ragione*. Studi e ricerche su Guillaume Colletet, Milano, Viscontea, 1965, et G. COLLETET, *L'art poétique*. I. *Traitté de l'épigramme et traitté du sonnet*, Texte établi et Introduction par P.A. Jannini, Genève-Paris, Droz-Minard, 1965, Coll. « Textes Littéraires Français » ; G. COLLETET, *Poésies choisies*, Naples-Paris, E.S.I.-Nizet, 1968. Cf. aussi *Dizionario critico della letteratura francese*, t. I, Torino, U.T.E.T., 1972, pp. 283-284.

4. Ce malherbien passionné de Ronsard fut l'objet d'interprétations critiques fort différentes, souvent contradictoires : des attaques de Boileau — qui étaient d'ailleurs destinées à son fils François — jusqu'aux plaisirs de la redécouverte, au XIXe siècle, par Sainte-Beuve, Gautier, Asselinau, Tamizey de Larroque, Lanson, Gaston Paris, pour ne citer que quelques exemples d'une longue série.

Au XVIIIe siècle, pourtant, parmi d'autres, tels que les abbés Goujet et d'Artigny, Sautreau de Marsy et Imbert s'occupèrent aussi de Colletet.

Dans leurs *Annales poétiques* ont pris place de nombreuses pièces en vers
— surtout des Épigrammes - de l'académicien. Dans le texte qui les précède
(pp. 169-180), nous trouvons des renseignements sur la chute de la renommée de Colletet-poète à leur époque et des jugements très équilibrés sur cet
auteur «trop vanté de son vivant, mais qu'on a certainement trop déprimé
depuis sa mort (p. 169)». Cf. *Annales poétiques* (ou *Almanach des
Muses...*), t. XVIII, Paris, Mérigot le jeune, 1781, pp. 169-254.

5. *L'art poétique*, cit., p. VIII.

6. Prosper Blanchemain publia cette «vie» à la tête de son recueil
d'*Œuvres inédites de Pierre de Ronsard* (Paris, Aubry, 1855, p. 17-124). Il
sauva ainsi ce texte de l'incendie du Louvre, dont il donnera plus tard un
récit très ému. Là il nous révèle qu'il était un habitué de cette précieuse
bibliothèque. Cf. P. BLANCHEMAIN, *La Bibliothèque du Louvre. A propos
de la vie de Guy Du Faur de Pibrac,* dans «Bulletin du Bibliophile», n° 331,
Iᵉʳ octobre 1871, pp. 531-534.

7. Paul Bonnefon, dans sa *Contribution à un essai de restitution du
manuscrit de G. Colletet, intitulé «Vies des Poètes françois»* («Revue
d'histoire littéraire de la France», t. II, 1895, pp. 59-77), s'interroge sur les
raisons qui interdirent à Colletet la publication de son travail : «Pourquoi
Guillaume Colletet ne publia-t-il pas lui-même l'ouvrage considérable qui
lui avait coûté tant de peines et tant de soins? Nous ne saurions le dire.
Peut-être que, parvenu au terme de son labeur, le consciencieux auteur ne
trouva pas les moyens de mettre son œuvre au jour, et la pauvreté l'empê-
cha de pousser plus loin des recherches déjà si approfondies. Peut-être
encore que la mort surprit l'écrivain avant qu'il eût atteint la limite fixée par
lui-même à ses efforts. Cette dernière hypothèse paraît la plus vraisembla-
ble. Des lacunes inexplicables feraient croire que le travail de Colletet était
inachevé. On y cherchait vainement des notices sur Malherbe, Desportes,
D'Aubigné, Théophile. Est-il admissible que Colletet ait songé à tracer le
tableau historique de la poésie française, sans y faire figurer ces poètes qui
furent les plus fameux de son temps et qu'il avait connus particulièrement?» (*Ibidem*, p. 60).

8. «Plus d'une fois il en lut des fragments à ses amis : favorablement
accueillis, ils avaient excité dans le monde lettré une curieuse attente de
l'œuvre totale, que la mort ne permit pas à Guillaume de terminer»: Léon
FEUGÈRE, *Fragments d'études : Guy Du Faur de Pibrac, Nicolas Pasquier,
Guillaume Colletet,* Paris, Dupont, 1848, p. 69.

9. N'y a-t-il pas une faute d'impression? Tamizey de Larroque voulait
peut-être écrire «XVIIᵉ».

10. Ph. TAMIZEY DE LARROQUE, *intr. cit.*, pp. 13-14. Ce travail décrit
«les mystérieuses aventures» du manuscrit avant d'arriver à la bibliothèque du Louvre où «comme dans un port tranquille, il goûte, après tant
d'agitations, le doux et honorable repos qui lui était enfin si bien dû»
(pp. 18-19). Voir aussi «Avant-propos» de l'édition de la *Vie de François*

Rabelais (Genève, J. Gay & fils, 1867) publiée par Philomneste junior (Gustave Brunet) qui cite cette introduction (pp. VI-VIII).

11. Cf. Ph. TAMIZEY DE LARROQUE, *intr. cit.*, pp. 19-20 et l'introduction d'Ernest GELLIBERT DES SÉGUINS à G. COLLETET, *Vies d'Octovien de Sainct Gelais, Mellin de Sainct Gelais, Marguerite d'Angoulesme, Jean de la Peruse, poëtes Angoumoisins*, Paris, Aubry, 1862, pp. III-IV.

12. VIOLLET LE DUC, *Catalogue des Livres composant la Bibliothèque Poétique*, Paris, Hachette, 1843, p. 491.

13. Henri Chamard, en revanche, ne semble pas nourrir une estime excessive pour Colletet, même s'il le cite parfois dans son *Histoire de la Pléiade* (Paris, Didier, 1939). Il s'exprime en tout cas à son égard avec beaucoup de réserve.

14. *Copie de l'Histoire generale et particulière des Poetes anciens et modernes*, par ordre alphabétique, 6 vols. in -4°. Une description de ce texte se trouve dans Louis PARIS, *Les manuscrits de la Bibliothèque du Louvre*, Paris, Au bureau du Cabinet historique, 1872, pp. 58-59. Dans l'introduction déjà citée (p. 17, note n° 4), le titre original de la copie est entièrement donné par Tamizey de Larroque. Voir aussi P. BONNEFON, *op. cit.*, pp. 70-71. Dans la triste histoire du manuscrit, Bonnefon décrit le rôle « ambigu » de François Colletet (pp. 60-62).

15. Bibliothèque Nationale de Paris, *Mss. Nouv. Acq. Franç.*, n° 3073 : *Copie partielle, faite probablement pour Aimé Martin, du ms. de la Bibliothèque du Louvre, brûlé en 1871.* Volume de 532 feuillets. Léopold PANNIER, dans son *Essai de restitution des 'Vies des poètes françois' de Guillaume Colletet*, « Revue critique d'histoire et de littérature », II, 1871, pp. 324-409, écrit à la page 326 : « Il semble, à certaines fautes évidentes de lecture et au groupement des 'vies' par ordre alphabétique, que ce recueil ait été fait non sur l'original, mais sur la copie de François. C'est un choix pris dans toute l'œuvre de G. Colletet, et non la reproduction textuelle des 2 ou 3 premiers volumes ».

16. Ce numéro, le dernier en ordre de date qui nous est parvenu, parut dans le « Mercure de France » le Ier novembre 1906 (nov.-déc. 1096, t. LXIV, p. 157 : *Échos*). On y annonçait la prochaine réimpression, chez l'éditeur Champion, des *Vies des Poètes françois* de Colletet par Adam Van Bever, en soulignant l'importance de cet événement littéraire. Mais encore au XXe siècle, les traces d'une nouvelle initiative, destinée comme les précédentes à l'échec, ont encore une fois disparu. Léopold Pannier (*op. cit.*, p. 327) disait que 208 « vies » avaient échappé à l'incendie et qu'il espérait en découvrir d'autres.

17. « Dans cette Histoire, il est fait mention de cent trente Poètes François qui ont fleuri depuis l'an 1300 jusqu'à la mort de l'Auteur, arrivée en 1659 » : Jacques LELONG, *Bibliothèque historique de la France*, Paris, Veuve Hérissant, t. IV, 1775, p. 172. En réalité il s'agissait de 129 poètes.

18. « [...] table de 325 vies de poètes composées par Colletet. Cette

table, divisée en trois séries, porte les trois dates suivantes : *3 août 1728, 30 mai 1729, 25 mars 1730*. On doit évidemment la rattacher au projet d'édition des *Vies* pour lequel un privilège fut accordé, le 26 octobre 1730, au libraire Gabriel Martin et à trois de ses collègues » : P. BONNEFON, *op. cit.*, pp. 68-69. Le même auteur signale aussi l'absence du nom de Ronsard dans cette table (Cf. *ibidem* : tables aux pp. 72 et 76).

19. Voir plus bas, note n° 22.

20. Même dans son *Étude sur la vie de Ronsard* (VIII° volume des *Œuvres complètes*, édité en 1867 chez A. Franck) où la vie de Colletet est souvent citée, il ne dit rien à propos de ce manuscrit, tandis que d'autres (Feugère, Gellibert des Séguins, Tamizey de Larroque) ont abondé dans la description des détails relatifs à l'original et à la copie qu'ils ont pu voir à la Bibliothèque du Louvre.

21. Léopold Pannier (*op. cit.*, p. 327) s'exprime ainsi à propos du nombre des « vies » que Colletet avait écrites : « M. Tamizey de Larroque estime que les notices s'élevaient à 400. M. Prosper Blanchemain, de son côté, dit en connaître près de cinq cents, — chiffre confirmé d'ailleurs par M. Lemerre. Il semble que M. Baudrillart, qui en avait compté 459, n'était pas bien éloigné de la vérité. En effet, à l'aide du manuscrit Durand de Lançon et de la liste qui se trouve en tête, à l'aide de la table donnée par le Père Lelong et de toutes les indications qu'on a bien voulu nous fournir, nous sommes parvenu à retrouver 461 poètes ». Le parcours de ce manuscrit vers la publication fut tellement long et tourmenté qu'il donna lieu à une série de matériaux et de documents, parmi lesquels se trouvaient des parties du manuscrit déjà imprimées. Il fut nécessaire de recueillir toutes ces pièces dans un volume qui brûla lui aussi dans l'incendie. Il était intitulé *Pièces relatives à l'édition projetée, en 1730, de la Vie des Poëtes François de Colletet*, un vol. in-fol. (cf. L. PARIS, *op. cit.*, p. 58).

22. Viollet le Duc (*op. cit.*, p. 492) nous décrit ce manuscrit qu'il confond avec l'original : « Cet ouvrage, fait pour le duc du Montauzier, et qui, sans avoir jamais été imprimé, jouit d'une sorte de célébrité, existe à la Bibliothèque du roi au Louvre. Comme il était composé par cahiers, un pour chaque auteur, et écrit de différentes mains (Guillaume Colletet avait chargé son fils François de continuer cette histoire des poëtes), l'ouvrage a été réuni en VI volumes in-4°, avec tables alphabétique et chronologique, etc. Plusieurs fois il a été question d'imprimer cet ouvrage intéressant, et dans cette intention on s'est permis des ratures qui suppriment des passages considérables et des pages entières ; ces ratures heureusement ne détruisent pas le texte, que l'on peut facilement rétablir, mais que l'on aurait dû respecter, et l'on peut s'applaudir de ce que le livre n'a pas été imprimé ainsi tronqué ».

23. L. FEUGÈRE, *op. cit.*, p. 65, note n° 3. Aux pp. 65-75, on trouve une description minutieuse de l'*Histoire* de Colletet et de la copie de François dont il relève la grande importance.

24. *Intr. cit.*, pp. III-IV, note n° 1. Voir aussi note n° 1 p. 21 de l'*intr. cit.* de Tamizey de Larroque.

25. De l'Avertissement à G. COLLETET, *Vies des poètes bordelais et périgourdins*, Paris-Bordeaux, Claudin-Lefebvre, 1873. pp. 2-3. Dans les «vies» de Colletet qu'il a publiées, Tamizey de Larroque indique les variantes soit du manuscrit original, soit de la copie.

26. L. FEUGÈRE, *op. cit.*, p. 66.

27. Achille de ROCHAMBEAU, *La famille de Ronsard*, Paris, A. Franck, 1868, ch. V, pp. 192-256. Il cite dans le Iᵉʳ chapitre (la généalogie de la *Famille de Ronsart*) la «vie» du poète «composée par Guillaume Colletet, père de François Colletet, l'une des victimes du génie satirique de Boileau, et mise au jour par M. Prosper Blanchemain. Cette notice biographique est extraite de l'*Histoire des Poètes françois*, par G. Colletet, précieux manuscrit de la Bibliothèque du Louvre» : *ibidem*, pp. 23-24, note n° 3.

28. L. PARIS, *op. cit.*, p. 61.

29. Voir p. 56 et p. 98, note n° 81.

30. Ce texte donne à Guillaume Colletet l'idée d'écrire son histoire de la poésie française. Il en traduit le texte latin en français (Scévole de SAINTE-MARTHE, *Éloges des hommes illustres qui depuis un siècle ont fleury en France...* [1598], trad. par G. Colletet, Paris, Sommaville, Courbé et Langlois, 1644) et s'en sert abondamment dans ses «vies».

A propos de Ronsard également, Colletet utilise surtout l'œuvre de Claude BINET (*Discours de la vie de P. de Ronsard* [...] *ensemble son tombeau recueilli de plusieurs excellens personnages*, Paris, Buon, 1586 ; 2ᵉ éd. : 1587 ; 3ᵉ éd. : 1597 ; éd. posthumes : 1604, 1609, 1617, 1623, 1630). Cf. aussi *Critical Edition of the Discours de la Vie de P. Ronsard par Claude Binet* by Helen Evers, Philadelphia, Winston, 1905 ; *La Vie de Pierre de Ronsard* (1586), éd. historique et critique par Paul Laumonier, Paris, Hachette, 1910, où ce dernier fait aussi un commentaire comparatif entre la *Vie de Ronsard* de Colletet et le texte de Binet, tout en signalant leurs erreurs.

Colletet se sert d'autres sources telles que Pierre de BRANTÔME (*Œuvres complètes*, éd. Lalanne, 12 vols., Paris, Société de l'Histoire de France, 1864-1882) ; Georges CRITTON (*Georgii Crittonii laudatio funebris habita in exequiis Petri Ronsardi... Lutetiae, apud A. D'Auvel, 1586) ; Jacques DAVY DU PERRON (*Oraison funèbre de M. de Ronsard*, Paris, Lacretelle, 1948 ; *Perroniana*, Genevae, apud P. Columesium, 1667 ; *Les Diverses Œuvres de l'illustrissime cardinal Du Perron...*, Paris, Estienne, 1622) ; Guillaume DU PEYRAT (*Les Essais Poétiques*, Tours, Mettayer, 1593) ; Claude DU VERDIER (*In Auctores pene omnes, antiquos potissimum, censio : qua receptissimorum quorumque Grammaticorum, Potarum, Historicorum, Dialectorum, Rhetorum...*, Lugduni, apud B. Honoratum, 1586) ; Antoine FAVRE (*Fleurs des plus excellents poetes de ce temps*, Paris, Bonfons, 1599) : Claude GARNIER (*Livre de la Franciade, à la suite de celle de*

Ronsard, [s.l.], 1604; *La Muse infortunée, contre les froids amis du temps,* [s.l.], 1624; *Le Satyrique françois,* [s.l.], 1623); Sébastien GARNIER (*La Henriade et la Loissée* [1594], Musier fils, 1770); Isaac HABERT (*Complainte funèbre sur la mort de Monsieur de Ronsard,* Paris, Richer, 1586); Pierre de LAUDUN D'AIGALIERS (*L'art poétique français,* Toulouse, Au Siège de la Faculté, 1909); Robert et Antoine LE CHEVALIER D'AGNEAUX (*Le Tombeau...,* Rouen, Robillard de Beaurepaire, 1881); Pierre Taisan DE L'ESTOILE (*Mémoires-journaux,* éd. Brunet, 11 vols., Paris, Lemerre, 1875-1898); Thomas SEBILLET (*Art poétique françoys* [1548], éd. Gaiffe, Paris, Droz, 1910); Jacques VELLIARD (*Petri Ronsardi, poetae gallici, laudatio funebris....,* Parisiis, apud G. Buon, 1586).

P.A. Jannini (*Verso il tempo della ragione,* cit., pp. 175-196) reconnaît la grande importance d'autres sources de Colletet; parmi les sources italiennes Jules César Scaliger surtout (*Poetices libri septem,* Lugduni, apud Antonium Vinventium, 1561) et, parmi les sources françaises: Étienne PASQUIER (*Les Recherches de la France...,* Paris, Petit-Pas, 1621); Claude FAUCHET (*Recueil de l'origine de la langue et poésie française, ryme et romans,* Paris, Estienne, 1581); *Les Bibliothèques françoises de LA CROIX DU MAINE et d'A. DU VERDIER* [1584] (nouv. éd., par M. Rigoley de Juvigny, Paris, Saillant et Nyon, 1772-1773); Jacques-Auguste DE THOU (*Histoire de son temps et les Éloges des hommes scavans...* [1604], Utrecht, Halma, 1696). Les témoignages indiqués ici contribuèrent à l'évolution d'un schéma typique de l'humanisme italien que ces érudits français adaptèrent à leurs exigences. Cf. Franco SIMONE, *Il Rinascimento Francese. Studi e ricerche,* Torino, S.E.I., 1961, pp. 227-329.

Nous ne donnons ici que quelques indications sur les sources françaises de Colletet: il y aurait évidemment à ajouter les emprunts aux littératures gréco-latine, italienne et provençale.

31. H. LAFAY, *op. cit.,* p. 130.

32. Colletet, en effet, dès son entrée à l'Académie, soumit son ambitieux projet au cardinal de Richelieu qui le soutint et l'encouragea ardemment en lui offrant de somptueuses récompenses.

33. Voir, à ce propos, la curieuse expression de Louis de Veyrières, qui ne semble pas d'ailleurs avoir trop apprécié l'œuvre de Colletet: « Le préambule de chaque vie a été souvent bâtonné comme inutile ou ridicule »: *Monographie du sonnet, Sonnettistes anciens et modernes,* t. I, Paris, Bachelin-Deflorenne, 1869, p. 276.

34. Claude FAISANT, *Lieux communs de la critique classique et postclassique,* dans *Le Lieu Commun,* numéro spécial d'« Études Françaises », Montréal, 1977, pp. 143-162. Cf. du même auteur, toujours à propos de la perspective historique de la critique sur Ronsard: *La « Résurrection » de la Pléiade (Contribution à l'étude de la réception critique)* dans *Études Seiziémistes offertes à Monsieur le Professeur V.-L. Saulnier,* « Travaux d'Humanisme et Renaissance », CLXXVII, Genève, Droz, 1980, pp. 257-267.

35. Cf. Richard A. Kätz, *Ronsard's French Critics : 1585-1828*, Genève, Droz, 1966, p. 20, note n° 3 et H. Lafay, *op. cit.*, pp. 551-558.

36. *L'Académie de l'Art Poétique*, Paris, Bourdeaulx, 1610. Cf. Pierre Colotte, *Pierre de Deimier, poète et théoricien de la poésie*, Gap, Ophrys, 1953 ; L.M. Gay, *Sources of the « Académie de l'Art Poétique » of Pierre de Deimier : Peletier du Mans*, dans « Publications of the Modern Language Association of America », XXVII, n.s., XX (1912), pp. 398-418.

37. H. Lafay, *op. cit.*, p. 348. La position de Deimier est analysée ici aux pp. 348-350. A ce courant moyen appartenaient des ronsardiens qui évoluaient leur style selon le goût du moment : « Parmi les poètes qui dominent les vingt premières années du siècle, Du Perron, Bertaut, Vauquelin des Yveteaux représentent le courant le plus directement issu de Ronsard et de Desportes [...] Leur style, sans abandonner l'imagerie pétrarquisante ou mythologique, témoigne d'une renonciation (moins nette chez Du Perron) au choc et à la puissance suggestive de l'image pour plus de clarté et de douceur, d'une évolution vers un style plus abstrait » : *Ibidem*, p. 354.

38. *Ibidem*, p. 353.

39. P.A. Jannini, *Verso il tempo della ragione*, cit., pp. 189-190.

40. René Bray, *La formation de la doctrine classique en France*, Paris, Nizet, 1926.

41. Max Fuchs, *Comment le XVIIe et le XVIIIe siècles ont jugé Ronsard*, « Revue de la Renaissance », VIII (1907), pp. 228-238 ; IX (1908), pp. 1-27, 49-72.
Fernand Desonay, *La réputation littéraire de Ronsard au XVIIe siècle*, « Bulletin Bibliographique et Pédagogique du Musée Belge », XXVIII (1924), pp. 133-140.

42. R.A. Kätz, *op. cit.*

43. G. Colletet, *Épigrammes avec un discours de l'Épigramme*, Paris, Loyson, 1653, p. 151.

44. R.A. Kätz, *op. cit.*, p. 78. Dans l'avis au lecteur de ses *Divertissements* (Paris, Estienne, 1631), Colletet écrivait : « Ceux, à mon advis, qui en matière de Poésie avoient plus de droict d'y pretendre (à l'approbation générale), quoy que pourtant diversement, à raison de la différence de leur style, et des diverses matières qu'ils ont traictées, estoient Ronsard, et Malherbe ».

45. L. Feugère, *op. cit.*, p. 68.

46. Il s'exprime ainsi à propos de quelques « irrégularités » de son Ronsard. Voir, plus loin, p. 78.

47. Affectivité qui, souvent, prend aussi une vigueur spéciale à cause de la force polémique que Colletet y insère pour soutenir Ronsard contre les nombreux «ennemis» qui le dénigraient à son époque. Même ce style vivant de Colletet témoigne de la chute du mythe de Ronsard parmi ses contemporains.

48. Ph. Tamizey de Larroque, *Vies des poètes gascons*, cit., p. 7.

49. L. FEUGÈRE, *op. cit.*, p. 68.

50. « Et puis j'ay encore dans mon Cabinet les Rimes diverses du Cardinal Bembo, marquées de la propre main de Ronsard, et les pièces qu'il avoit imitées, ou qu'il s'estoit proposé d'imiter, ou de traduire » : G. COLLETET, *Traitté du Sonnet,* éd. P.A. Jannini, cit., p. 198 et p. 201. Cf. P. LAUMONIER, *Sur la bibliothèque de Ronsard,* « Revue du XVe siècle », XIV (1927), pp. 319-322 ; H. CHAMARD, *op. cit.,* t. I, pp. 266-267. Ce dernier précise : « L'exemplaire en question, après avoir été la propriété de Blanchemain, est aujourd'huy en Amérique » (*ibidem,* p. 267, note no 5).

51. Colletet, en effet, était allé jusqu'à acheter, en 1615, la maison de Ronsard : Ph. TAMIZEY DE LARROQUE, *Vies des poètes gascons,* cit., Appendice no 1, pp. 22-24 et A. DE ROCHAMBEAU, *Nouveaux renseignements sur la maison de Ronsard à Paris,* Paris-Vendôme, Dumoulin-Devaure Henrion, 1866. Cf. aussi Théophile GAUTIER, *Les Grotesques,* nouv. éd., Paris, Charpentier, t. II, 1882, p. 215 ; Gautier fait également part du sonnet de Colletet sur cette maison.

52. « Après avoir chéri le grand Ronsard pendant sa vie, dit Colletet fils, dans son Abrégé des Annales de Paris, p. 362, il en respectait encore si fort la mémoire, qu'il ne pouvait souffrir qu'on parlât mal de lui ni de ses ouvrages » : L. FEUGÈRE, *op. cit.*, p. 67, note no 2.

53. Édition établie, annotée et préfacée par Guy DEMERSON, Paris, Le Seuil, pp. 19-31.

54. Gilbert GADOFFRE, *Ronsard,* Paris, Le Seuil, 1980, « Collection Écrivains de toujours ».

55. *Ibidem,* p. 95.

56. *Ibidem,* p. 13.

57. *Ibidem,* p. 117.

DEUXIÈME PARTIE

PIERRE DE RONSARD
par
GUILLAUME COLLETET

Après que Claude Binet a escrit si amplement la vie de ce grand Héros de nostre Parnasse et que le docte Cardinal du Perron a faict et publié son oraison funebre, il semble que j'aurois fort mauvaise grace de redescendre dans la mesme carrière. Il faut que j'advoue que j'ay esté sur le poinct de marquer icy son nom seullement, et pour les particularitez d'une si illustre vie, renvoyer mes lecteurs à ces deux précieux originaux. Mais puisque j'apprends que l'on trouvoit à dire à mon procédé et que l'on me blasmoit d'avoir passé soubs silence celuy de tous nos poëtes qui a le plus faict parler de luy, je me suis resolu de ne toucher icy qu'en passant les matières du subject que les autres ont approfondies, et de remarquer quelques petites mais curieuses observations qu'ils n'ont ny dittes ny sceües, ou du moins qui n'ont pas esté observées.

Il nasquit au Chasteau de la Poissonnière au village de Cousture, dans le bas pays Vendosmois, qui pour le spirituel dépend du Maine et, quant au temporel, de Chartres, le samedi 11e jour de septembre de l'an 1525, comme il le dit luy mesme dans une de ses élegies à Remy Belleau :

L'an que le Roy François fut pris devant Pavie
Le jour d'un samedy Dieu me presta la vie.
L'onziesme de septembre...[1]

Ce qui advint l'an 1525 et non pas l'an 1522 comme ont dit quelques-uns au report du Cardinal du Perron, ny 1524 comme a dict Claude Binet luy mesme, puisque certainement

selon les véritables Chroniques de France et d'Allemagne, le
Roy François premier fust pris devant Pavie par le Vice-Roy
de Naples le 24e jour de Febvrier l'an 1525 et non pas l'onziesme septembre, comme l'affirme faussement le mesme
Binet[2]. Je sçay bien que la reflexion qu'il faict là dessus est
exacte, lorsqu'il dict que l'on pouvoit doubter si en mesme
temps la France, par la captivité malheureuse de ce grand
Prince, eust un plus grand dommage, ou un plus grand bien
par l'heureuse naissance de ce grand Poëte. Mais, pour faire
valoir un bon mot, il n'est point à propos de tomber dans des
contradictions ny de choquer la vérité de l'histoire, et sa pensée après tout n'eust pas laissé de subsister, quand il eût rapporté seulement à l'année ce qu'il voulut trop punctuellement
rapporter au jour.

   Mais encores que ce que nous tenons de nos ancestres ne
soit plus qu'un bien de la fortune, non un bien qui nous soit
propre, et qu'il vaille beaucoup mieux estre le premier noble
de sa race que d'en estre le dernier; si est-ce que, comme un
riche diamant est tous-jours plus précieux enchassé en or,
qu'en cuivre ou qu'en plomb, la vertu qu'un enfant tient en
partage de son pere et des ayeux est d'autant plus considérable qu'elle a pris de profondes racines dans une antique et
illustre famille. Celle de Pierre de Ronsard estoit de cette
nature, puisqu'il se sentoit du courage et de la générosité de
ses illustres ancestres. Et en effet il y avoit plusieurs siècles
que le nom de Ronsard estoit signalé dans les armes et que
ceux qui le portoient s'estoient alliés dans plusieurs des meil-
leures familles de France. Il estoit originaire de la Hongrie et
de la Bulgarie, où le Danube voisine de plus près le pays de la
Thrace, qui devoit donner à la France aussy bien qu'à la
Grèce la naissance d'un nouvel Orphée. Et c'est ce qu'il dict
luy mesme dans ses vers :

       Or, quant à mon ancêtre, il a tiré sa race
       D'où le glacé Danube est voisin de la Thrace ;
       Plus bas que la Hongrie, en une froide part
       Est un seigneur nommé le Marquis de Ronsart,

Riche d'or et de gens, de villes et de terre.
Un de ses filz puisnez, ardant de veoir la guerre,
Un camp d'autres puisnez assembla hazardeux,
Et, quittant son pays, fut capitaine d'eux ;
Traversa la Hongrie et la basse Allemagne,
Traversa la Bourgogne et la basse Champagne,
Et hardy vint servir Philippes de Valois,
Qui pour lors avoit guerre encontre les Anglois[3].

Ce courageux cadet, qui se nommoit Baudouin de Ronsard[4], quittant son pays avec une troupe de volontaires, se vint en effet devers l'an 1340 présenter au Roy Philippes de Valois et luy ayant offert son service contre ses ennemis, les Anglois, maistres de son Estat, eust l'honneur d'estre employé des lors en plusieurs charges honorables, dont il s'acquitta si dignement que le généreux Prince le combla de bienfaicts et luy fist oublier le soin de retourner en sa patrie. Aussy comme il se fust fortuitement rencontré dans le Vendosmois, le doux air du climat et la fertilité du terroir luy pleurent au point qu'il se resolut d'y establir sa fortune et mesme d'y prendre femme, ce qu'il fist d'abord si advantageusement que du costé maternel nostre Ronsard fust allié des plus illustres familles de France :

Du costé maternel j'ay tiré mon lignage
De ceux de la Trimouille et de ceux du Bouchage
Et de ceux de Rouaux et de ceux de Chaudriers,
Qui furent en leurs temps si vertueux guerriers,
Que leur noble vertu, que Mars rend éternelle,
Reprist sur les Anglois les murs de la Rochelle,
Où l'un de nos ayeux fust si preux qu'aujourd'huy
Une rue, à son los, porte le nom de luy[5].

Mais je laisse à Claude Binet, à Pascal du Faux, Angevin, et à tous nos généalogistes à justifier, par le temps et par les diverses alliances, la splendeur de la maison de nostre Ronsard, pour dire que Loys de Ronsard, son pere, fust cheva-

lier de l'ordre et maistre d'hostel du Roy François Premier,
selon Binet, et, selon le Cardinal du Perron, seulement du
Roy Henry second, à son advenement à la couronne. Quoy
qu'il en soit, ils conviennent tous deux en ce poinct qu'il servit
les Enfants de France, François et Charles Duc d'Orléans[6],
du vivant du grand Roy François leur pere qu'il les accompagna au voyage d'Espagne, lorsqu'ils y furent envoyez en
ostages, qu'il eust bonne part, tres grande part aux bonnes
grâces du Roy Henry second, son maistre, et qu'au reste il
estoit homme de bonne compagnie et qui monstroit desia une
grande inclination à faire des vers, augure veritable que la
nature et la faveur du Ciel se disposoient et convenoient desia
de respandre en luy les precieuses semences de la naissance du
plus grand Poëte du monde. Ce brave Loys de Ronsard eust
six enfants, le dernier et le plus fameux desquels fust celuy
dont il est question, quoique en parlant ainsy de soy, il tasche
par modestie de ravaler son merite :

> Je ne fus le premier des enfants de mon père ;
> Cinq devant ma naissance en enfanta ma mère.
> Deux sont morts au berceau. Aux trois vivants en rien
> Semblable je ne suis ny de mœurs, ny de bien[7].

L'aisné des trois fut Claude de Ronsard, qui, à l'exemple
de ses ancestres, fist profession de porter les armes ; et Louis,
qui estoit l'un des trois, fut abbé de Tiron et de Beaulieu.
Quant à Pierre de Ronsard, son père, le voyant surpasser ses
frères en vivacité d'esprit, le destina à l'estude des bonnes lettres et à cest effect le fist instruire par un scavant precepteur
en sa maison de la Poissonnière, jusqu'à l'age de 9 ans, qu'il le
fit conduire à Paris au College Royal de Navarre :

> Si tost que j'eus neuf ans au College on me mist.
> Je mis tant seullement un demy-an de peine
> D'apprendre les leçons du Regent de Vailly.
> Puis, sans rien proffiter, du College sailly,
> Je vins en Avignon etc[8].

Et veritablement en cela il sembla tromper d'abord l'esperance de son pere, qui s'estoit proposé et resolu de l'eslever, par le moyen des estudes, dans les charges de la justice ou dans les dignités de l'Eglise. Mais ce bel esprit, qui estoit plein de feu et d'action, se voyant contraint par une vigueur pedantesque, dit un de nos originaux, et par la severité des règles d'un college, luy qui avoit besoin de quelque passion interieure pour l'exciter à déployer la vigueur de son entendement, plustôt que souffrir quelque violence dans sa volonté, bientôt se desgouta de l'estude ; de sorte que ses proches, changeant de resolution aussy bien que luy, le retirerent du college et le destinant aux armes, pour l'exercice desquelles il avoit le corps parfaictement bien composé, l'envoyèrent au Camp d'Avignon, où il fut donné page au Duc d'Orléans et puis à Jacques V Stuart, Roy d'Escosse (qui estoit venu à Paris pour y espouser Magdelaine, fille du Roy François Ier) qu'il accompagna jusques en son royaume et auprès duquel il fut deux années pendant quoy il apprist la langue du Pays[9]. Mais qu'est-il besoin d'alléguer pour cela d'autres tesmoignages que de luy mesme :

> *Je vins en Avignon où la puissante armée*
> *Du Roy François estoit fierement animée*
> *Contre Charles d'Autriche et là je fus donné*
> *Page au Duc d'Orléans. Après je fus mené,*
> *Suyvant le Roi d'Escosse, en l'Escossoise terre,*
> *Où je fus trente moys et six en Angleterre[10].*

Et ce prince genereux luy tesmoigna tant d'affection pendant son sejour, et il luy fist tant aymer sa Cour qu'il s'en fallut bien peu que la France ne perdit celuy qu'elle avoit nourry pour estre le chantre de sa gloire. Toutesfois le desir naturel de revoir sa patrie le sollicitoit à toute heure d'y retourner, et ce qui l'attachoit d'autant plus en ce lieu, c'est l'heureuse connoissance et l'intime amitié qu'il y contracta avec un certain gentilhomme Escossois nommé le Seigneur Paul qui estoit fort bon poëte latin et qui prenoit la peine de luy expli-

quer tous les jours en langue Françoise et Escossoise quelques
vers de Virgile et d'Horace ou de quelques autres Autheurs du
premier ordre[11]. Et Ronsard, d'autre costé, qui avoit desia
pris plaisir à lire quelques rymes de Marot et de nos anciens
poëtes François, s'efforçoit deslors de les traduire en rymes
vulgaires, le mieux qu'il luy estoit possible. Mais comme il est
bien difficile de renoncer au desir legitime que tout homme a
naturellement de revoir sa patrie dont il est esloigné, il quitta
l'Escosse et l'Angleterre et, revenant en France, se retira
auprès du Duc d'Orléans son premier maistre :

> A mon retour, ce Duc pour Page me reprint.
> Longtemps en l'escurie en repos ne me tint
> Qu'il ne me renvoyast en Flandres et Zelande
> Et depuis en Escosse, où la tempeste grande
> Avesques Lassigny cuida faire toucher
> Poussé aux bords Anglois ma nef contre un rocher[12].

Et le reste, où il dist que ceste tempeste furieuse dura plus
de trois jours, et qu'enfin, arrivez sans nul danger, leur navire
fist comme on dist nauffrage au port, puisqu'il se brisa en
mille morceaux et que tout s'y perdist vaisseau et bagages,
que le soin de sauver la vie fit abandonner à la mercy des
eaux. Ainsy ce futur Arion du Parnasse de la France se garan-
tit heureusement de ce nauffrage funeste. Il estoit alors âgé de
pres de seize ans :

> D'Escosse retourné, je fus mis hors de page.
> Lors à peine seize ans avoient borné mon aage,
> Que l'an cinq cent quarante avec Baif je vins
> En la haute Allemagne, ou dessous luy j'apprins
> Ce que vaut la vertu[13].

En effet aprez qu'il eust servy le duc d'Orléans, qui l'aimoit fort, comme celuy de tous ses pages qui estoit le plus
adroit dans tous les exercices convenables à un gentilhomme
et qu'il eust suivy ce prince jusques à son deceds, qu'en suite il

eust esté page du Roy Henri second, il advint que Lazare de
Baïf s'en allant en ambassade pour le Roy en la ville de Spire,
où se devoit tenir une Diette, il accompagna ce grand personnage en ce voyage, où avecque la langue Allemande, il apprit
une infinité de bonnes choses en la compagnie de ce Docte
Ambassadeur et de Charles Estienne son medecin ordinaire[14], et c'est de ce fameux voyage dont a parlé Jean
Antoine de Baïf dans ses Poèmes :

> *Mon pere qui alors*
> *Alloit ambassadeur pour vostre ayeul dehors*
> *Du Royaume en Almagne, et menoit en voyage*
> *Charle Estienne et Ronsard qui sortoit hors de page,*
> *Estienne medecin, qui bien parlant estoit,*
> *Ronsard de qui la fleur un beau fruict promettoit[15].*

A son retour d'Allemagne, où il contracta une certaine
surdité et debilité d'ouye[16] qui le rendit mal propre et incom-
mode dans la conversation, estant retourné à Blois où estoit
alors la Cour ; comme la jeunesse est prompte à recevoir les
impressions amoureuses, il y devint epris d'une belle fille
appelée Cassandre, dont le nom aussy bien que la beauté luy
pleurent de telle sorte qu'il se resolut, à l'exemple de Properce
qui avoit celebré Cinthie, Tibulle sa Délie, Ovide sa Corinne,
Gallus sa Lycoris et Petrarque sa Laure, de la chanter dans
ses vers et de celebrer dans ses escrits les diverses passions
dont il se sentait agité pour elle. Ce qu'il fist veritablement
depuis avecque tant de doctrine et de si belles fictions, que le
nom de Cassandre doit donner de l'envie à toutes les Dames
qui aiment la gloire et la haute reputation. Et ce d'autant plus
qu'elle n'estoit qu'une simple fille et d'une naissance fort
mediocre[17] (comme on le veoit par son poème de la Quenouille dont il luy fist présent et par le commentaire de Muret
sur ce petit Poème) :

> *L'an d'après en Avril l'amour me vint surprendre,*
> *Suivant la Cour à Blois, des beaux yeux de Cassandre.*

Soit le nom faux ou vray, jamais le temps vainqueur,
N'effacera ce nom du marbre de mon cœur[18].

Mais comme il dut considérer que quelque forte et naturelle inclination qu'il eust à la poésie il estoit impossible de s'eslever bien haut au dessus du commun sans le secours des sciences et des langues, qui font les scavants, quoy qu'il eust atteint desia l'age de vingt ans et qu'il semblast ainsy estre hors d'age de se remettre sous la ferule d'un precepteur, si est-ce qu'amoureux qu'il estoit de la vraye gloire, il surmonta toutes ces difficultez et ne feignit point ; et, se souvenant des beaux traits de Virgile que ce gentilhomme Escossois luy avoit interpretez, il surmonta tous les obstacles qui s'opposoient à son genereux dessein et fist trouver bon à son pere de se remettre à l'estude des bonnes lettres, ce qu'il luy permit veritablement ; mais avecque defense expresse de lire un livre françois et de s'adonner à la poesie, l'ayant cogneu presque dès le berceau enclin au mestier des Muses. Mais quoy ? un bel esprit qui des sa naissance, avoit receu ces charactères qu'on ne scauroit effacer, ne laissa pas de suivre en secret ses premiers mouvements, aussy bien que le Poete Ovide qui, contre la defense de son pere, ne laissoit pas de composer des vers :

Saepe pater dixit : studium quid inutile tentas ?
Mœonides nullas ipse reliquit opes[19].

Et ce qui luy en donna d'autant plus la liberté, c'est que son pere mourust bientost après à Paris, assavoir l'an 1544, comme il servoit son quartier chez le Roy. Ronsard donc voulant reparer le temps perdu pour l'estude, se vint ranger soubs la discipline de ce docte pere de tous nos grands Poëtes, Jean Daurat, qui enseignoit alors dans mon voisinage[20], à l'entrée du Fauxbourg Saint-Marcel[21], et puis au College de Coqueret, les lettres Grecques et Latines à Jean Antoine de Baïf, fils de Lazare. Mais pour ce que j'ai parlé, dans la vie du Poëte Baïf, de l'heureuse emulation qui estoit entre ces deux excellents poëtes et de la forme de leurs estudes, je m'abstiendray de repeter icy[22].

Tant y a que Ronsard, qui estoit plus agé que Baïf de quatre ou cinq ans, repara bien, par son assiduité à l'estude, ses nonchalances passées. Et comme, dans la conversation de Baïf, plus jeune mais beaucoup plus avancé que luy dans la cognoissance des langues, il apprenoit beaucoup de secrets de la langue grecque et latine, en recompense il luy decouvroit franchement, liberalement les moyens qu'il scavoit pour s'acheminer à la perfection de la poesie françoise. Et ainsy ces deux excellents esprits travailloient à l'envy[23] pour la gloire de leur patrie et pour la leur propre, ce qui n'estoit pas une petite satisfaction à leur docte maistre, qui se tenoit bien glorieux d'avoir de si nobles disciples, dont il admiroit tous les jours les progrez si advantageux. Dans ceste contention d'honneur, il demeura sept ans[24] avecque cet illustre precepteur, continuant tousjours l'estude des lettres, des langues et des sciences, des humanistes et des philosophes :

> Convoiteux de scavoir, disciple je vins estre
> De D'Aurat à Paris, qui sept ans fut mon maistre
> En grec et en latin, etc[25].

Et comme les lettres florissoient extresmement alors en l'université de Paris, qui estoit remplie de professeurs, dont la voix et la doctrine se reconnoissent encore tous les jours dans leurs fameux ouvrages, il se rendit aussy auditeur du docte Adrien Turnebe, lecteur du Roy et l'ornement des bonnes lettres[26]. Et ce fut sous la discipline de cet excellent maistre qu'il se mist à feuilleter si exactement tout ce que l'Antiquité a de rare et de beau, voire mesme tout ce qu'elle a de plus secret et de plus caché, que l'on pust dire de luy qu'en peu de temps il eust assez d'adresse et de force d'esprit pour se naturaliser dans Athènes et dans Rome. Et mesme au rapport d'un autheur de son temps, Georges Crittonius, il penetra si avant dans les bibliothèques publiques et particulieres qu'il fist un Recueil des vers de plusieurs poetes grecs[27], dont nous ne

cognoissons presque que les noms, dans le dessein de les communiquer au public, et qu'à cet effet en mourant il laissa ce
recueil dans les mains de son intime amy Jean Galandius, qui
eust peu et deu mesme nous faire part de ces antiques et
nobles productions d'esprit. Aussy comme Ronsard deut,
avec une extraordinaire diligence, employer toutes les heures
de son temps dans ces estudes estrangeres, il les possedoit au
point qu'il eust peu les escrire avec assez d'ornement. Mais
l'affection naturelle qu'il avoit pour sa langue maternelle
l'emporta de telle sorte, qu'il aima beaucoup mieux enrichir
sa langue des despouilles des langues estrangeres, qu'en la
negligeant devenir luy mesme estranger dans sa propre patrie.
Des qu'il vint à considerer que les Muses françoises, jusques
auparavant luy, n'avoient rien faict autre chose que de ram-
per sur la terre et n'avoient jamais eu la hardiesse ny la force
de s'eslever jusqu'au ciel, que tous ceux qui avoient escrit jusques à son temps n'avoient eu que des sentiments fort bas,
avec des rymes simples et populaires qui n'avoient rien que la
voix et le son,

Verba et voces prœtereaque nihil[28].

il eust le courage d'employer le premier toutes les grâces et les
beautez qui rendent la poesie grecque et latine si florissante,
et d'en orner nostre langage, de le fortiffier de leurs belles
doctes inventions, d'imaginer avec eux de nouveaux mots, de
reparer les vides[29], comme il s'en glorifie si justement luy
mesme :

Je vy que des François le langage trop bas
Se traisnoit sans vertu sans ordre ny compas.
Adoncques, pour hausser ma langue maternelle,
Indompté du labeur, je travaillay pour elle ;
Je fis de nouveaux mots ; je rappelay les vieux,
Si bien que son renom je poussay jusqu'aux cieux.
Je fis, d'autre façon que n'avoient les antiques,
Vocables composez et phrases poeticques,

Et mis la poésie en tel ordre, qu'apres
Le François fust esgal aux Romains et aux Grecs[30].

En effect, si nostre poésie est si belle et si pompeuse parmy nous, si elle est telle que ceux qui parmy nous ont chanté les louanges des Dieux ne cedent ny à Homere, ny à Hesiode, que ceux qui, sur le Parnasse François, ont chanté la gloire des heros ne doibvent rien ny à Virgile ny à Pindare, que ceux qui dans des poemes epiques ne cedent ny à Virgile ny à Lucain ; que nos Odes et nos Elegies ne doivent rien à celles de Pindare, ny à celles d'Ovide et de Tibulle ; certes, pour rendre le tesmoignage à la vérité, nous devons tous ces signalez advantages aux travaux du grand Ronsard, qui dans toutes sortes de vers a rendu la palme douteuse entre les autres et luy et a peut-être osté à nos nepveux l'esperance de le surmonter. Car comme il se fut remply l'esprit de toutes ces belles lumières dont un excellent esprit est capable ; comme il n'avoit ny faute de cœur ny d'enthousiasme, pour monstrer que la poesie estoit nee en France avecque luy, il se mist peu à peu à composer tant de vers et à traiter de si differentes matieres qu'il fist advouer d'abord que la vraie poesie estoit nee en France avecque luy. Il composa des vers d'Amour et il le fit de telle sorte qu'au jugement de ceux de son siecle, il surpassa de bien loin en cela le prince des Poëtes Italiens, Petrarque, puis que notre poëte ne traitta pas comme luy l'amour folle en théologien, l'amour folle et prophane qui se doit traiter mollement et avecque des sentiments delicats et conformes à sa nature. D'où vient que Pasquier asseure, que dans la Cassandre de Ronsard, il s'y rencontre cent sonnets qui prennent leur vol jusques au ciel et qui effacent tout ce que l'on a faict en ce genre d'escrire. Aussi adjoute-t-il que ce grand poete fit ceux cy seulement pour contenter son esprit et que, quant à ses autres vers amoureux, il les composa pour plaire aux Dames et aux Seigneurs de la Cour. Aussy par ces premiers echantillons de son esprit, Dorat qui a toujours eu je ne scay quoy d'un divin genie pour predire les choses à avenir, luy predict qu'il deviendroit un jour l'Homère de la France[31], lequel augure il mit si avant dans son esprit, qu'à l'instant comme il estoit passionnément amoureux de la gloire, il rechercha finalement, par ses veilles et par ses travaux invincibles, tous les moyens imaginables de le devenir.

Dans ceste pensée, il composa tant d'ouvrages differents que jamais poëte n'escrivit davantage ny peut-estre avec tant de cœur et de génie, comme on le peut veoir par la lecture de ses œuvres, sur lesquelles je feray tantost quelques reflexions particulieres.

Quoy qu'il en soit, comme l'envie ne manque jamais d'attaquer ceux qui doibvent estre un jour audessus d'elle, dès que Ronsard eust publié ses premiers Amours et les quatre premiers Livres de ses Odes, plusieurs petits rymeurs de Cour, (dont elle ne manque jamais) jaloux de sa gloire naissante, tascherent d'en effacer la splendeur, par leurs ignorantes critiques et par leur lasche medisance.

Mellin de Sainct-Gelais[32], plutost meu, dict l'original[33], du cry de ces grenouilles courtisannes que de son jugement propre, fut celuy qui prist le premier à tasche de discrediter publiquement es escholes, les doctes vers de Ronsard, qu'il tascha de faire passer, en la presence du Roy, pour poëte obscur et tenebreux et plus vain que la vanité mesme. De quoy Ronsard se vengea publiquement aussy par un seul mot, qui fust cogneu de toute la France, lorsque dans la publication de l'hymne sur la Mort de la Royne de Navarre, il insera sur la fin ces vers :

Préserve moy d'Infamie,
De toute langue ennemie
Et de tout acte malin;
Et fay que, devant mon Prince,
Desormais plus ne me pince
La tenaille de Mellin[34].

Ce qui l'irrita de telle sorte, luy et ses sectaires, qu'ils furent tous sur le poinct d'escrire contre Ronsard qui les consideroit au dessous de luy, comme un aigle royal regarde du plus haut des nues des geays et des pies qui caquettent sur des basses bruyeres. Mais ce qui leur imposa silence, ce fust lorsque ce grand Caton de son siècle, Michel de l'Hospital, qui estoit des lors Chancelier de la Royne de Navarre[35] et qui fust depuis Chancelier de France, entreprist de vive voix et par escrit mesme la deffense de Ronsard, ce qu'il fist dans deux poëmes tres considerables dont l'un est une excellente Elegie latine, qu'il composa en son nom et qui commence ainsy :

> *Magnificis aulae cultoribus atque poetis,*
> *Hœc Loriâ scribit valle poeta novus, ect*[36]

Et l'autre est une docte Epistre en vers, qu'il adressa a Charles Cardinal de Lorraine, en la Louange de Ronsard, où ce grand Chancelier respond pertinemment à toutes les calomnies des petits envieux de ce grand poëte, qu'il esgale a Virgile :

> *Dubiamque facit tibi Mantua palmam,*
> *Aspice quàm se tollit humo, quàmque arduus altum*
> *Fert cœlo caput et clara inter sydera condit*[37].

Mais surtout il est excellent lorsqu'il respond aux accusations de quelques delicats courtisans, qui reprochoient à ce cygne françois l'obscurité de ses vers à cause de tant de fables et d'ornements poëtiques dont il enrichissoit ses ouvrages, obscurité qui n'estoit nullement à blasmer puisqu'elle ne procedoit pas de la faute de l'autheur, qui s'exprimoit toujours noblement, mais de l'ignorance de ceux qui le lisoient et qui ne sçavoient pas la difference notable qu'il y a entre un grand Poëte et un simple Rymeur.

Que j'en cognois à la Cour qui traiteroient encore de la sorte le grand Ronsard s'il revenoit au monde ! Mais apres tout, parmy les esprits sublimes et bien faicts, ils se rendroient aussy ridicules que le furent les adversaires de Ronsard. Et peut-estre se trouveroit il encore, comme en la personne du grand Seguier, un autre Chancelier de France qui se rendroit son Mecène et son panegyriste tout ensemble et feroit advouer que tous les siècles ne produisent pas des ouvriers capables de faire, comme disoit un ancien, des mondes de doctrine et d'enthousiasme, ainsy que ce grand Poëte ; duquel on peut dire qu'il estoit le seul admirable à comprendre un subject et à le remplir dignement et qui faisoit ce que Pline le jeune disoit de Passienus : *Omnia tanquam singula solus absolvis*[38].

Cette troupe de muguets ignorants, qui, selon nostre original, avoient gagné du credit plus par opinion que par raison, et qui ne faisoient rien trouver de bon aux princes que ce qui leur plaisoit, ne fust pas plustost deffaite par les vers du Chancelier de l'Hospital et par la declaration publique que fist, en faveur de Ronsard, ceste sçavante princesse Marguerite de France, sœur du Roy, qu'elle prendroit party contre les ennemis de la gloire de ce grand Poete, que le Roy, que l'on avoit infecté de ceste mauvaise créance, commença à changer d'opinion et à gouster de telle sorte les odes de Ronsard, qu'il estima à grand honneur d'avoir un si bel esprit en son Royaume, et à son exemple toute la France commença d'encenser Ronsard et ses ennemis mesme, puisque Mellin de Saint-Gelais fust un des premiers qui chanta la palinodie[39] et qui rechercha soigneusement l'amitié de Ronsard. Et Ronsard, de son costé, fust bien ayse de luy tesmoigner par ceste belle Ode :

> *Tousjours ne tempeste enragée*
> *Contre ses bords la mer Egée, etc*[40].

Qu'il estoit veritablement genereux, puis qu'il rendoit leur reconciliation publique et immortelle. Ainsy tous ces adversaires estant esvanouis, il vid sa reputation s'espandre par tout le monde, à mesure qu'il le remplissoit de ses doctes et laborieux ouvrages.

Et ce fust pour cela que ce grand architecte du Roy Henry II, Pierre L'Escot[41] de Clany fit engraver en demy bosse,

sur le haut de la face du Louvre, une Deesse qui embouche
une trompette, voulant par là designer la Muse de Ronsard,
ainsy qu'il le dit un jour à ce grand Prince. Comme ce fust en
ce mesme temps que nostre grand poëte receut, de la part du
celebre parlement de Tholose, non pas une eglantine, comme
a dit Estienne Pasquier, mais comme l'a justement remarqué
nostre original[42], une Minerve d'argent massif qui, par un
decret public, luy fut liberalement envoyée, pour marque de
son merite, qu'ils jugeoient au dessus de l'eglantine, du soucy
et de la violette, qui sont les prix ordinaires instituez depuis
tant de siècles par la noble et scavante Dame Clemence
d'Isaure, pour ceux qui faisoient esclatter leur esprit dans le
mestier des Muses et de la poësie. Present, honorable et judicieux tout ensemble, dont la memoire ne mourra jamais dans
nos escholes et qui publiera eternellement que l'illustre parlement de Tholose, dont le grand Guy du Faur de Pybrac estoit
alors le chef, est en possession d'estre le favorable appuy de
nos Muses et le noble dispensateur des doctes et solides
recompenses. Mais puisque je suis sur la juste reconnoissance
que l'on rendit au merite de Ronsard ; la Royne Elisabeth
d'Angleterre et Marie Royne d'Escosse[43] ravies de ses vers luy
firent souvent de riches presents, et entre autres cette dernière
princesse, toute prisonniere qu'elle estoit, l'an 1583, luy
envoya par un de ses secretaires, nommé le seigneur Nauzon,
un buffet de deux mille escus, en forme du rocher de Parnasse
et un Pegase au dessus, avec cette inscription honorable :

A Ronsard l'Apollon de la source des Muses[44].

Le Roy Charles IX[45], prince genereux au possible, qui
l'aimoit jusques au point de luy escrire souvent et mesme de
ne pouvoir vivre sans luy, outre les gages ordinaires qu'il luy
donna, le gratifia encores de pensions et de quelques bene-
fices, comme de l'Abbaye de Bellozanne, ou de Beaulieu-au-
Maine, disent d'autres et de quelques prieurés. Quoyque ce
Prince dist quelquefois en riant qu'il avoit peur de perdre son
Ronsard en luy donnant trop de biens, que cela le pouvoit

rendre paresseux aux sacrez exercices des Muses, et que le
bon poëte ne se devoit non plus engraisser que le bon cheval,
qu'il le falloit entretenir seulement et non pas l'assouvir ; si
est-ce qu'au poinct que ce Prince l'aimoit, il est bien croyable,
s'il eust vescu davantage, qu'il l'eust mis au plus haut poinct
de gloire et de biens où jamais poëte ait esté eslevé depuis le
siecle des Mecene et des Auguste. Et a propos de l'estime que
ce grand monarque de France, l'ornement des Valois, faisoit
de son cher Ronsard, il me souvient d'avoir leu, en quelque
endroict, qu'un jour ce grand Prince allant au Palais pour la
vérification de quelques nouveaux edicts, il l'aperceut dans la
grand salle et dans la foule de ses courtisans et, luy faisant fen-
dre la presse en l'appelant : —«Vien, luy dit-il hautement,
mon cher Poëte, t'asseoir avec moy dans mon throsne
royal ! » Honneur insigne que Ronsard refusa avec un humble
et modeste compliment.

   A ceste observation qui regarde l'honneur j'adjoute celle
cy qui regarde l'utile, c'est que j'apprends du Journal du Roy
Henry IIIe, qu'en l'an 1581, ce prince liberal et magnifique
donna à Ronsard et à Baïf, poëtes, ce sont ces mots, à chascun
deux mille escus comptant, à cause des vers qu'ils firent pour
les mascarades et les tournois des nopces du Duc de Joyeuse,
outre les livrées precieuses qu'ils receurent du marié et de la
mariée. Cela s'appelle aimer effectivement les Muses. Aussy
florissoient elles alors de telle sorte que l'on peut dire, en
l'honneur de la race des Valois :

   Sint Maecenates, non deerunt, Flacce, Marones[46].

   Mais comme il n'y a point au monde de repos si bien
estably qui n'ait ses traverses, à peine nostre grand Ronsard
eust il imposé silence aux adversaires de sa gloire naissante,
qu'après la mort du Roy Henry IIe et soubs le regne du Roy
François, les troubles pour la religion commencerent à s'eslever en France, ce qui donna subject à Ronsard de s'opposer
par ses escrits aux erreurs de l'opinion nouvelle et, dans le

dessein de faire rentrer chacun en son debvoir, de publier des remontrances[47], qui furent jugées de tant d'efficace, pour combattre les enemis de la religion et peut estre de l'Estat, que, comme le Roy et la Royne sa mère l'en remercièrent publiquement, et comme le pape mesme Pie V l'en remercia par lettres et bulles expresses[48], aussy ceux de la religion réformée commencèrent à l'attaquer et à composer contre luy des vers si piquants et si satyriques, mesme si pleins d'horribles calomnies[49], que ses amis d'abord l'estimèrent bien malheureux d'avoir attaqué le premier et de s'estre volontairement rendu l'objet de la mocquerie. Mais certes un génie merveilleux eut interest de faire ce noble coup d'essay, puisque les vers et la prose que l'on escrivit contre luy ne firent qu'aiguiser son esprit et sa colère de telle façon que luy, qui s'estoit toujours si à propos aydé des lettres profanes, sceut si bien, pour la deffense de l'honneur de l'Eglise et du sien propre, apporter les thrésors et les richesses de l'Egypte en la Terre Sainte, que l'on recogneut incontinent, dict le Cardinal du Perron, que toute l'élégance et toute la douceur des lettres humaines et sacrées n'estoient pas du costé des hérétiques, comme ils le prétendoient. Aussy les rendit-il par ses responses ardantes et fort vives, si confus et si estonnés qu'ils demeurèrent sans réplique, et n'eurent plus ny de voix ny de langue pour abboyer contre la vérité et contre la réputation du grand Ronsard ; ce qui fit paroistre combien il avoit un esprit universel à la poésie, puisqu'il ne se proposa jamais de subject qu'il ne le traistast si dignement que pas un autre ne s'en put jamais mieux acquitter que luy. Ainsy partout il a esté supérieur aux autres et partout esgal à luy mesme ; effort merveilleux de son imagination naturelle qu'il avoit extrêmement forte et constante tout ensemble, et qui estoit encore fortifiée par ceste autre incommodité que son accident lui apportoit, qui estoit l'amour de la solitude. Et certes c'est de cette mesme fameuse response dont parle en ces termes un célèbre orateur latin de son temps, Georges Critonius : *Dicam libere,* dit-il, *una illa Ronsardi apologia contra transfugam haereticum plus infamiae hostibus, plus laudis et ornamenti*

nostris attribuit, plures vacillantes in fide confirmavit et sta-
bilivit, quam multorum Theologorum e superiore loco habi-
tae conciones[50]. Ce qui est à dire pour parler françoisement :
Ceste docte apologie que Ronsard composa pour soy mesme,
contre cet hérétique partisan de Genève, marqua plus de
honte et plus d'infamie sur le front de nos adversaires, et
apporta plus de gloire et plus de louanges aux nostres, et
confirma plus d'esprits chancelants dans la vive foy de nos
pères que n'avoient faict les sermons et les catéchèses de plusieurs sçavans théologiens et célèbres prédicateurs, et le reste
que l'on peut puiser dans sa source. Mais encore qu'il eût une
plus puissante inclination à la poésie qu'aucun poète n'eut
jamais au monde, si est ce qu'il ne laissoit pas encore d'estre
excellent orateur, et cela de telle sorte que ses discours en
prose, comme la préface si raisonnable de son art poétique, sa
docte préface en faveur de la musique qu'il adressa au roy
François second sur les airs des plus célèbres musiciens de son
temps, qui ne se trouve point dans ses œuvres, mais qui fut
imprimée à Paris l'an 1561, au frontispice de leurs ouvrages[51]
sont si pleins des plus beaux traits et des plus vives lumières de
la réthorique, et sont escrites avecque tant d'art et d'un style si
noble et si pur, que l'on peut dire qu'il ne se void rien de son
temps escrit de plus belle manière ; ce qui dément bien ces philosophes naturels qui soustiènent obstinément qu'à cause des
divers tempéraments un mesme homme ne sçauroit estre
excellent orateur et poëte tout ensemble. Aussy fut ce pour
cela que le Roy Henry IIIe, qui estoit le plus éloquent homme
de son royaume, le choisit pour estre un des premiers de ceste
docte et fameuse Académie de sçavans hommes[52] qu'il insti-
tua avecque tant de plaisir et qu'il honoroit si souvent de sa
présence royale. Les doctes discours qu'y fit Ronsard des vertus actives et quelques autres encore qui sont entre les mains
des curieux confirment puissamment ce que j'ay dict de la
force de son éloquence et qu'encore, comme dict un de nos
originaux, Claude Binet, qu'il ne parlast pas des mieux en
propos communs et familiers, se plaisant plustost en une
dédaigneuse nonchalance qu'il mettoit au compte de sa

liberté naturelle, si est ce que lorsqu'il avoit à discourir en la présence ou par le commandement des grands, il le faisoit avecque tant d'appareil qu'il ne se voyoit alors rien de plus docte ny de mieux travaillé. Avec tant de bonnes et rares qualités intellectuelles, il en joignit tant de morales, qu'il estoit toujours esgalement aimé et respecté tout ensemble. Sa conversation, dit un des nos originaux, estoit fort facile avecque ceux qu'il aimoit, mais il aimoit sur tous les hommes studieux, vertueux et de nette conscience, et qui estoient libres, aimables, simples, sans fiction ny afféterie courtisanes, pouvant hardiment se vanter luy mesme que ses mœurs, son visage et ses escrits portoient toujours je ne sçay quoy de noble sur le front, et, en toutes ses actions, on voyoit paroistre les effets des graces d'un vray gentilhomme françois, estant au reste libéral et magnifique en la despense de ses biens. Il n'estoit enemy d'aucun, et si quelques uns se sont rendus ses enemys, ils le doibvent imputer à leur propre faute, et sa douceur naturelle les en a tousjours faict repentir ou publiquement ou en secret. Quant à l'extérieur, il eut la taille du corps haute et droicte, autant que l'on le peut juger de ses portraicts que l'on trouve en tant de lieux, sans parler de ceux qui se trouvent dans ses ouvrages. Il eut le visage beau et majestueux, le front large, les yeux vifs et perçants, le nez aquilin, le poil et les cheveux crespus et chastains[53], le col long et bien tourné ; et à voir toutes les graces de son corps, il estoit aisé de juger qu'il avoit l'âme généreuse, et que son esprit estoit animé d'une ardante vigueur et esclairé de certaines lumières qui ne pouvoient procéder que des favorables influences du ciel[54]. Mais comme en sa jeunesse il avoit eu le corps fort et robuste, ses longues et laborieuses veilles, jointes aux infirmités et aux maladies qu'il avoit contractées en sa jeunesse, dont il n'avoit, dict-il en quelque endroict, que trop gaspillé la fleur, l'affoiblirent de telle sorte, sur le déclin de sa vie, qu'il s'estonnoit luy mesme de se voir si changé. Aussy ne passa-t-il point la soixantième année de son âge, car, après avoir été longtemps et cruellement tourmenté de goutte, il rendit enfin l'esprit à Dieu l'an 1585, le vendredy 27 décembre, sur les

deux heures de nuict[55], ayant vescu soixante un ans, trois
mois et seize jours, et fut enterré où il mourut, je veux dire en
l'un des fauxbourgs de la ville de Tours, dans l'église de Saint-
Cosme, dont il estoit prieur, qui fut le lieu mesme où estoit
mort autrefois ce savant et fameux personnage[56] ....
.... Berengarius dont j'ay faict aussy la vie dans mon histoire
des hommes illustres.

Quiconque sera curieux de voir les circonstances de sa
mort, les difficultez qu'il avoit à trouver la douceur du som-
meil, les estranges douleurs qu'il souffroit en patience, les
divers changements de lieux qu'il fit pendant sa maladie, les
dernières paroles chrestiennes qu'il proféra, en un mot toutes
les particularitez de la vie la plus illustre et de la mort la plus
constante et la plus chrestienne du monde, peut consulter ce
qu'en ont dict et publié les originaux que j'ay cités tant de fois.
A quoy j'adjoute que de plusieurs lettres escrites de sa main
propre à son cher amy Jean Gallandius, qui sont heureusement tombées entre les miennes[57], j'apprends qu'il ne pouvoit
se résoudre sur les dernières années de sa vie à quitter sa maison de Croix-Val pour aller à la cour, et y mendier je ne scay
quelle mondaine faveur de laquelle par modestie il se pouvoit
bien passer plus justement, dit-il, que ces bons pères philosophes qui n'avoient pour tous meubles que le baston, le man-
teau haillonné et le creux de la main. Néantmoins que si tost
que ses vilaines gouttes l'auroient quitté, qu'il seroit son hoste
plus tost que l'hyrondelle, mais de sa force ..... autrement qu'il
ne le pouvoit, estant assez riche et content de sa réputation
acquise par ses longues veilles, estudes et travaux :

> *Dum fata Deusque sinebant*
> *Vixi et quem dederat cursum fortuna peregi*[58].

Et par ceste mesme lettre dattée de Croix-Val le 17e jour
de décembre 1584[59], j'apprends encore qu'il avoit une pension
du Roy, de quatre cents escus, dont il envoyoit la quittance à
Gallandius son amy, pour la recevoir en son nom et en son
acquit du thrésorier Molay, et «en cas, dit Ronsard, qu'il

vous traisne et qu'il refuse de payer, dites luy, en sortant de sa chambre : Vous ne debvez point, Monsieur, tomber sur la pointe de la plume de Monsieur de Ronsard qui est homme mordant et satyrique, au reste vostre voysin et qui sçait fort bien comme toutes choses se passent ». Je ne sçay si nos thrésoriers d'aujourd'huy trouveroient ces parolles de douce digestion, mais je sçay bien qu'en ce temps là les plus grands et les plus riches craignoient d'encourir la juste indignation d'un poëte, et qu'ils prenoient à tâche de les obliger de bonne grâce.

Par une autre de ses lettres, encore dattée de sa maison de Croix-Val, le 9e jour de septembre 1584, j'apprends que jusques alors il n'avoit reçu aucun advantage de tous les libraires qui avoient tant de fois imprimé ses escrits, mais que pour cette édition qu'il préparoit et qu'il avoit exactement revue, il entendoit que Buon, son libraire, luy donnast soixante bons escus, pour avoir du bois, pour s'aller chauffer cet hyver avec son amy Gallandius, et s'il ne le veut faire, dict-il, il exhorte son amy d'en parler aux libraires du Palais qui en donneront sans doubte davantage, s'il tient bonne mine et qu'il sçache comme il faut faire valoir le privilège perpétuel de ses œuvres ; ce qui est d'autant plus à remarquer que les privilèges d'aujourd'huy ne sont que pour quelques années et non pas perpétuels, et ensuitte il lance plusieurs traits de raillerie contre l'avarice de certains libraires qui veulent proffiter de tout, recevoir tousjours et ne donner jamais rien.

Finalement, par une autre de ses lettres du 22 octobre 1585, qui estoit escrite environ deux mois devant sa mort, j'apprends qu'il se trouvoit extrêmement foible depuis quinze jours en la mutation de l'automne à l'hyver, qu'il estoit devenu fort maigre et qu'il avoit peur de s'en aller avec les feuilles ; toutefois qu'y estant tout à faict resolu, il souhaittoit que ce fust plus tost que plus tard ; qu'il n'estoit plus au monde sinon *iners terrae pondus*[60], qu'un fardeau inutile sur la terre, aussy ennuyé de luy mesme qu'il l'estoit des autres, le suppliant au reste de l'aller trouver, estimant que sa chère présence luy seroit un véritable remède. Et c'est de ceste mesme lettre dont Binet faict mention dans la vie de Ronsard. Sa demeure ordinaire, disent nos originaux, estoit ou à Saint-Cosme près de Tours, dans une isle, lieu fort plaisant et comme l'œillet de la Tourraine, ou à Bourgueil en Anjou, où il se plaisoit fort, à cause de la chasse dont il aimoit fort l'exercice, comme aussy à Croix-Val où il recherchoit tousjours la solitude de la forest de Gastine ; tantôt les rives du Loir, tantôt les bords de la fontaine Bellerie ou de celle d'Heleine, qu'il a tant et si hautement célébrée dans ses vers. Et certes c'étoit là que l'on le rencontroit souvent seul, mais tousjours en la compagnie des Muses qui luy inspiroient toutes les belles inventions qui rendent ses promenades éternelles.

Quand il estoit à Paris, et qu'il se vouloit rejouir ainsi que ses amis intimes, ou composer à requoy, il se délectoit, ou à Meudon, tant à cause des bois que du plaisant aspect de la rivière de Seine, ou à Gentilly ou à Hercueil, tant à cause de l'agréable fraischeur de la rivière de Biesure que de leurs grottes et de leurs fontaines que les Muses recherchent naturellement. Il aimoit encore fort la demeure du collège de Boncourt où il se retiroit sur la fin de ses jours avecque son cher Gallandius, comme dans la maturité de son aage il aimoit le séjour de l'entrée du fauxbourg saint Marcel, à cause de la pureté de l'air et de ceste agréable montagne que j'appelle son Parnasse et le mien. Et certes je marqueray tousjours d'un éternel crayon ce jour bienheureux où la faveur du ministre de nos Roys me donna moyen d'achepter une des maisons qu'il aimoit autrefois habiter en ce mesme fauxbourg, et sans doubte, après celle de Baïf, celle qu'il aima le plus[61]. Et aussy fut ce sur ce sujet que je composay, il y a quelques années, un sonnet que je ne feindray point d'insérer icy, pour marque du respect inviolable que je porte à la mémoire de ce divin homme, et de la joye que je ressens d'habiter les sacrés lieux que ses Muses habitèrent autrefois avec tant de gloire :

Je ne voy rien icy qui ne flatte mes yeux,
Ceste cour du Ballustre est gaye et magnifique,
Ces superbes lyons qui gardent ce portique
Adoucissent pour moy leurs regards furieux.

> *Ce feuillage animé d'un vent délicieux*
> *Joint au chant des oiseaux sa tremblante musique.*
> *Ce parterre de fleurs, par un secret magique,*
> *Semble avoir dérobé les estoiles des cieux.*
>
> *L'aimable promenoir de ces doubles allées*
> *Qui de prophanes pas n'ont point esté foulées,*
> *Garde encore, ô Ronsard, les vestiges des tiens.*
>
> *Mais, ô noble désir d'une gloire infinie !*
> *Je trouve bien icy mes pas avec les siens,*
> *Et non pas dans mes vers sa force et son génie*[62].

Cependant pour venir au détail de ses ouvrages et pour y faire quelques observations que l'on ne trouve point dans les originaux dont j'ay parlé, ny ailleurs mesme qu'icy, puisque c'est un petit fruict de mes méditations et de mes diverses lectures, je diray que ses œuvres sont divisées effectivement, non pas en sept, comme a dict un de nos bibliothéquaires, mais en dix, selon la dernière édition qui en fut faicte à Paris, in-fol., l'an 1623.

La première contient les *Amours de Cassandre*, qu'il publia à Paris, in-8º, dès l'an 1552, sans commentaires. Et l'an 1553, il les fit réimprimer de nouveau avec le docte commentaire de ce grand ornement des belles lettres, Marc Antoine de Muret[63] qui tesmoigna bien par là la haute estime qu'il faisoit de Ronsard, lequel estoit alors aagé de 27 ans, comme on le void par son portrait, qu'il est à l'entrée de son livre avec cette inscription autour :

ΩΣ ΙΔΟΝ, ΩΣ ΕΜΑΝΗΝ[64]

qui est à dire *ut vidi, ut perii*, dès que je la vis je mourus ou je péris, voullant dire, dès qu'il eut vu sa chère Cassandre, qu'il en devint esperdument amoureux. Aussy fit-il dans son livre graver son portrait vis à vis du sien, avec cette devise autour : *Carpitque et carpitur una*[65]. Et son aage qui estoit alors de vingt années, et des vers grecs de Jean Antoine de Baïf en sa louange et du poëte son amant. A propos de quoy l'on sçaura

que les quatre vers françois qui sont au dessous du portrait de
Cassandre, dans ceste dernière édition des œuvres de Ronsard, sont de la façon de François de Malherbe, comme il me
l'a dict souvent luy mesme. Les voicy :

L'art la nature exprimant
En ce portrait me faict belle ;
Mais si ne suis je point telle
Qu'aux escrits de mon amant[66].

Ce que je remarque d'autant plus volontiers qu'ils sont
sans le nom de l'autheur et qu'ils ne se rencontrent pas dans
ses propres œuvres. Mais comme, dans ses premières amours,
il tasche d'imiter Pétrarque, aussy est ce la pensée de plusieurs
fameux hommes entre lesquels je mets Estienne Pasquier,
Antoine de Vauprivas et Claude du Verdier, son fils, qu'en
mille endroits il le surpassa de bien loin pour quelques raisons
que j'en ai déjà alléguées ; et ainsy la belle Cassandre doibt
estre plus fameuse que la belle Laure. Cela estant, je m'estonne fort d'où vient que Claude de Verdier, dans sa censure
latine de tous les bons autheurs anciens et modernes, reprend
aigrement Muret d'avoir advancé en tant de lieux des amours
de Cassandre que ce sonet, que ceste pensée, que ce traict
estoit imité du poëte italien, sur ce, dict le mesme du Verdier,
que Ronsard avoit bien plus feuilleté les livres grecs et latins
que les italiens, et que Muret vouloit faire paroistre en cela
qu'il estoit fort intelligent en ceste langue. Mais Claude du
Verdier, qui vit encore, me pardonnera s'il luy plaist, si je dis
qu'outre qu'il paroist assez par la juste conférence des passages que Muret allègue et par les conformités qui s'y rencontrent, que Ronsard qui sçavoit effectivement tout ce que
l'ancienne Athènes et Rome avoient de rare et de beau,
n'ignoroit rien encore de tout ce qui faisoit esclatter Florence,
et la nouvelle Rome ; ce que je recognois par les exemplaires
de quelques livres italiens que Ronsard avoit lus exactement
et qui sont en mille endroits marqués et annotés de sa main
propre[67]. Je mets en ce rang les diverses rymes italiennes du

cardinal Bembo[68] et[69] ....
qui sont tombés entre mes mains. Comme donc le mesme du
Verdier[70] eut raison de dire que Ronsard surpassa Pétrarque
en érudition : *quam maiore eruditione Ronsardus Petrar-*
cham superavit ! ce sont ses propres termes, il eut, ce me semble, grand tort de blasmer Muret, jusques au poinct de
l'appeler en cela fol et ecervelé : *insanit Muretus,* dit-il. Je
debvois cette petite apologie à ce grand homme, dont les oraisons et les poésies latines ont autresfois esté les plus nobles
divertissements de ma jeunesse.

Au reste ceste seconde édition des *Amours de Cassandre*
est accompagnée d'un sonet en la louange de Ronsard, faict
par Mellin de Saint Gelais, qui est sans doute la palinodie que
l'on dict qu'il fict après s'estre réconcilié avec luy. Il commence :

> *D'un seul malheur se peut lamenter celle*
> *En qui tout l'heur des astres est compris ;*
> *C'est, ô Ronsard, que tu ne sois espris*
> *Premier que moy de sa vive estincelle[71].*

Et le reste qui justifie assez clairement que Mellin de
Saint Gelais luy mesme estoit aussy amoureux de Cassandre,
et qu'ainsy il n'estoit pas moins son rival en amour qu'en poésie[72]. Et peut-estre seroit ce la raison qui obligea Ronsard de
la quitter après l'avoir aimée dix ans entiers. Du moins, au
rapport de Claude Binet, la quitta-t-il pour quelque jalousie
conçue[73]. Quoy qu'il en soit, il la rendit par ses doctes vers si
célèbre, que la ville de Blois n'est pas plus illustre par l'antique
séjour de nos rois et de nos princes que par la naissance de
Cassandre, qui n'en estoit qu'une simple fille[74]. Mais l'Amour
qui n'a pas esgard aux conditions joint souvent le ciel avec la
terre.

> *Serva Briscis niveo colore*
> *Movet Achillem, etc[75].*

Et quoy qu'il soit petit il esgale et assujetit tout :

Nescit Amor priscis cedere imaginibus[76].

Ces amours de Cassandre sont suivies des *Amours de Marie*, qui estoit une belle fille d'Anjou, de laquelle il devint amoureux le vingtiesme d'Avril.

Le vingtiesme d'Avril couché sur l'herbelette[77].

dans un certain voyage qu'il fit avecque Jean Antoine de Baïf, son amy, et souvent il la désigne sous le nom de Pin de Bourgueil[78], pour ce que c'estoit le lieu où elle demeuroit et où il la vid premièrement. Mais d'autant que quelques uns blasmoient Ronsard d'avoir esté trop obscur et trop docte dans ses vers pour Cassandre :

> *Ma Muse estoit blasmée à son commencement*
> *De paroistre trop haute au simple populaire ;*[79]

il se résolut d'escrire d'un style plus doux et plus facile les *Amours de Marie* ; si bien qu'au rapport mesme de quelqu'un de nos originaux, il s'y trouve assez de sonets, que le peu d'artifice et la pure simplicité Catullienne[80] recommandent beaucoup. Après il s'y rencontre de si gentilles et de si nobles productions d'esprits, que tous les siècles ne sçauroient peut estre rien produire de plus amoureux ny de plus passionné ; tesmoin ce gentil poème pastoral, que j'ay si passionnément aimé en ma jeunesse, et que je ne sçaurois encore haïr dans les 50 ans que j'ay atteints depuis ces huit jours[81] :

> *C'estoit en la saison que l'amoureuse Flore*
> *Faisoit pour son amy les fleurettes esclore,*
> *Par les prés bigarrez d'autant d'émail de fleurs*
> *Que le grand arc du ciel s'esmaille de couleurs*[82].

Tesmoin encore ceste élégie si délicate et si mignonne :

Affin que nostre siècle et le siècle advenir
De nos jeunes amours se puisse souvenir ;[83]

et le reste, où il y a des sentiments si nobles et si passionnés,
que rien ne le peut estre davantage.

C'est là que l'on peut lire encore avecque plaisir ceste
chanson fameuse :

Quand ce beau printemps je voy, etc.[84]

qui fut faicte non pas pour Marie, mais pour Isabeau de la
Tour, demoiselle de Limeuil (vid. Ronsard, 1564, in-4, p. 65).
Et celle cy :

Quand j'étois libre, etc[85].

que toute la cour de son siècle a chantée avec tant de gloire
pour l'autheur, et que toute l'Europe[86] a si longtemps et si justement repétée après elle, avecque tant d'applaudissements et
tant de satisfaction.

Son petit poëme qu'il appelle *La Quenouille*[87] et qui est
une invention de Théocrite, tesmoigne assez que Marie n'estoit pas aussy ny de grande ny de riche famille.

Quoy qu'il en soit, ces Amours de Marie furent imprimées à Paris, in-8° pour la première fois, l'an 1555, sous ce
titre : *Continuation des Amours de Pierre de Ronsard*, et
depuis augmentées par l'autheur et enrichies des doctes commentaires de cet excellent poëte françois Remy Belleau[88]. Il
est bien vray que ce sçavant homme de mes intimes amis,
Nicolas Richelet, en commenta la seconde partie[89], que Ronsard lit en faveur et sur la mort de Marie, où l'on voit entre
autres poëmes ceste élégante élégie qui commence :

Le jour que la beauté du monde la plus belle
Laissa dans le cercueil sa despouille mortelle ;[90]

et le reste dont les sentiments amoureux et pathétiques m'ont
quelquefois tiré des larmes des yeux.

Quant à ses vers amoureux pour Eurymédon et pour Callyrée[91], commentés depuis quelques années par ce docte professeur de l'Université de Paris, Pierre de Marcassus, il n'y a presque personne, pour un peu de cognoissance qu'il ait de nostre histoire particulière, qui ne sache que Ronsard les composa en faveur du roy Charles IX et de mademoiselle d'Astrée, de la maison d'Aquaviva, comtesse de Chasteauvillain, l'une des plus belles et des plus vertueuses dames de son temps, dont ce jeune prince estoit esperdument amoureux, comme on le void encore par les vers dont Amadis Jamyn seconda la passion du Roy son maistre.

Les Amours d'Astrée[92], qui suivent, sont de véritables marques de l'ardante passion que Ronsard conçeut pour une belle dame de ceste antienne et illustre famille d'Estrée, dont il voulut desguiser le nom par le changement d'une seule voyelle en une autre. Tout y est beau et bien imaginé, mais surtout l'élégie du Printemps qu'il dédie à la sœur d'Astrée, est à mon gré la plus mignonne pièce que l'on puisse veoir de ceste nature. Elle commença ainsy :

Printemps, fils du soleil, que la terre arrosée
De la fertile humeur d'une douce rosée,
Au milieu des œillets et des roses conçeut,
Quand Flore entre ses bras nourrice vous reçeut, etc[93].

Après que Ronsard eut exercé son esprit et sa plume sur de divers sujets amoureux, et qu'outre Cassandre et Marie, il eust aimé une seconde Marie, Astrée, Jeanne, Sinope et Geneviève Raut (comme il dict luy mesme en quelque endroict, il estoit facile à prendre) ; il voulut presque couronner ses œuvres par une infinité de beaux vers, qu'il composa pour Hélène, dont les vertus, la beauté et les autres rares perfections furent le dernier et le plus digne objet de sa muse. Le dernier, dict un de nos originaux, parce qu'il n'eut le bonheur de la voir qu'en sa vieillesse, et le plus digne, d'autant qu'elle estoit de meilleure maison, et qu'il fist pour celle cy par respect, ce qu'il avoit faict pour les autres par amour. Aussy

comme il appelle ses vers pour Cassandre et pour Marie les
Amours de Marie et de Cassandre, il appelle les autres les
Poésies de Ronsard pour Hélène. Or ceste Hélène estoit une
des filles d'honneur de la chambre de la reyne mère Catherine
de Medicis, sortie d'une très anciene et très noble maison de
Saintonge, qui se nommoit Hélène de Surgères, comme je
l'apprends du 6e sonet de son second livre, dont voicy le dernier vers, qui contient son nom et son anagrame tout ensemble :

>   *Le Ré des généreux Hélène de Surgères*[94].

Or comme, par le conseil de la Reyne, voire mesme par
son commandement[95], il l'avoit choisie pour l'objet de ses
belles pensées, il semble qu'il la traitta tousjours avecque
beaucoup plus de respect et de modestie qu'il n'avoit faict
toutes ses autres maitresses. En quoy il imita d'autant plus le
sage amoureux Pétrarque, et cela de telle sorte qu'il finit presque sa vie en la louant. J'ay encore par devers moy quelques
lettres escrittes de sa main peu de temps avant sa mort, par
lesquelles il supplie son cher amy Galandius de présenter ses
humbles baisemains à Mademoiselle de Surgères[96], et mesme
de la supplier d'employer sa faveur envers le thrésorier
régnant pour le faire payer de quelque année de sa pension ; ce
qu'elle faisoit sans doubte très volontiers, en récompense de
tant de beaux vers qu'il avoit faicts pour elle, et par lesquels il
avoit immortalisé son nom. Mais entre les autres, ceux qu'il
fit sur une fontaine du pays Vandomois[97], qu'il y voullut
consacrer en sa mémoire, et que l'on appelle encore, en ce
pays-là, la fontaine d'Heleine.

>   *Ainsy que ceste eau coule, etc*[98],

est un des plus gentils poèmes de tout cet ouvrage, aussy bien
que l'élégie qui commence ainsy :

>   *Six ans estoient coulez et la septième année*
>   *Estoit presques entière en ses pas retournée, etc*[99].

5

Mais comme si ceste belle dame eust été en possession de donner de l'amour à nos plus excellents poëtes, ce fust peut estre celle là mesme dont Philippes Des-Portes chanta depuis si hautement les louanges, et qu'il aima si passionément soubs le nom de Cléonice, conjecture assez notable, fondée sur un certain sonnet que Ronsard composa en sa faveur, et qui se void à la fin des Amours de Des-Portes. Il commence ainsy :

> Ceste Françoise Grecque aux beaux cheveux [chastains
> Dont les yeux sont pareils à Vesper la brunette, etc[100].

Car, dans la pluspart de ses vers, il parle d'elle comme de ceste fameuse Hélène, qui donna de l'amour à toute la Grèce et à toute l'Asie, tesmoin ce premier sonet (Liv. I, sonnet 1).

> Ce premier jour de May, Hélène, je vous jure
> Par Castor, par Pollux, vos deux frères jumeaux[101].

Et ailleurs (Liv. I, sonnet 17) :

> De toy, ma belle Grecque ainçois belle Espagnole,
> Qui tires tes ayeux du sang Ibérien[102].

Et à la fin d'un autre (Liv. II, sonnet 10) :

> Mon colonel m'envoye à grands coups de carquois
> Rassiéger Ilion pour conquérir Hélène[103].

Et dans un des sonnets pour la fontaine (I.II. son. 63)

> Il ne suffit de boire en l'eau que j'ay sacrée
> A ceste belle Grecque[104].

Si ce n'est que ceste Cléonice de Des-Portes ne fu Héliotte de Vivonne de la Chastaigneraye, comme je pourra bien dire en son lieu.

La seconde partie des œuvres de Ronsard contient ses cinq livres d'Odes, dont il publia les quatre premiers dès l'an 1550. Et commè il fut le premier en France qui en fut l'inventeur, du moins celuy qui naturalisa en françois ce nom grec ώδή, ode[105] ; aussy peut-on dire que suivant cette maxime commune, que les choses ne sont pas parfaictes dès leur naissance, aussy que les premières qu'il fit ne sont point encore mesurées ny propres à la lyre, ainsy que l'ode le requiert, et comme il observa depuis exactement dans toutes ses autres odes. La première ode qu'il fit voir avecque cette licence, fut la complainte de Glauque à Scylle[106] qui commence ainsy :

> *Les douces fleurs d'Hymette aux abeilles agréent*[107].

Et le reste où la suite alternative des masculins et des feminins ne se rencontre pas, non plus qu'en celle qu'il adressa à Jacques Pelletier du Mans, sur les beautés qu'il voudroit à sa maitresse, qui commence ainsy :

> *Quand je serois si heureux de choisir*
> *Maistresse selon mon désir,*
> *Sçais tu quelle je la prendrois ? etc*[108].

Et deux ou trois autres de mesme nature, quelques unes desquelles ont esté depuis non pas retranchées de ses odes, mais renvoyées sur la fin parmi les premières poésies de sa jeunesse. Je sçay bien qu'il y en a quelques uns qui n'attribuent pas à Ronsard la première invention de nos odes, mais à Jacques Pelletier ou à Joachim Du-Bellay, mais pour ce qui est de Du-Bellay, j'ay dict en sa vie qu'encore qu'il eust le premier en France publié des odes, si est ce qu'il ne fut pas le premier qui en eust faict, puisqu'il avoit réglé les siennes sur le modèle de celles de Ronsard, qu'il avoit secrètement enlevées de son cabinet, ce qui fut la source d'une petite guerre entre eux, qui s'appaisa pourtant bien tost par la juste restitution que Du-Bellay luy fit de ses papiers et par les tesmoignages publics qu'il rendit en plusieurs endroits de ses œuvres, que

Ronsard estoit l'inventeur et le prince de nos odes. Ce que l'on peut voir précisement dans la préface de Du-Bellay qui précède ses Amours d'Olive...............................
....
Et Ronsard ne le dit-il pas luy mesme en ces termes?

Si dès mon enfance,
Le premier en France
J'ay pindarisé, etc[109].

Et dans son élégie à Jean de La Peruse.

De sa faveur en France il resveilla
Mon jeune esprit, qui premier travailla
De marier les odes à la lyre, etc[110].

Et dans la préface de ses odes.
Car quant à Jacques Pelletier, quoy qu'il semble qu'Estienne Pasquier veuille inférer, de quelques vers de Du-Bellay, que Pelletier ait esté le premier en France qui en ait faict, si est ce que le contraire paroist parceque j'en viens de dire. Et quoy qu'il eust publié ses poésies lyriques dès l'an 1547, si est ce qu'il est si vray qu'il avoit eu cognoissance de celles de Ronsard, que pour luy rendre l'honneur qu'il méritoit en cela, il fit imprimer parmi les siennes celle-là mesme que Ronsard luy avoit adressée, et qui luy avoit sans doubte servi de règle et de modèle pour en faire d'autres.
Quoy qu'il en soit, Ronsard publia ses quatre premiers livres d'Odes au frontispice desquelles on void l'anagramme grecque de son nom, conçue par Jean Dorat, en ces mots ΣΩΣ Ο ΤΕΡΗΑΝΔΡΟΣ[111], avec quelques vers grecs, où il le comparoit à cet excellent nepveu d'Homère, ou comme disent d'autres d'Hésiode, l'ancien Terpandre, le premier des poètes lyriques des Grecs, qui façonna premièrement la lyre à sept cordes, et qui le premier en composa les modes et les sons propres; ce qui obligea un autre de trouver encore sur le nom de Pierre de Ronsard *Rose de Pindare*[112], ce qui confirmoit d'autant plus dans la créance qu'il estoit le plus grand poëte lyri-

que de son temps. Mais comme il avoit ajusté ses vers de telle sorte qu'ils pouvoient estre chantez, les plus excellents musiciens comme Orlande, Certon, Goudimel, Jannequin[113] et plusieurs autres prirent à tasche de faire imprimer la plupart de ses sonets et de ses odes avecque des notes d'une musique harmonieuse ; ce qui pleut de telle sorte à toute la Cour qu'elle ne resonnoit plus rien autre chose, et ce qui ravit tellement Ronsard qu'il ne feignit point d'insérer à la fin de ses premières poésies ceste excellente tablature de musique, comme je le puis faire voir dans mon cabinet aux esprits curieux, aussi bien que les doctes expositions qu'un sçavant autheur anonyme, qui est pourtant, comme je croy, Jean Martin, parisien[114], composa sur quelques passages obscurs du premier livre des mesmes odes.

Quand au livre cinquiesme de ses odes, il le fit imprimer à Paris l'an 1553, et depuis elles furent toutes recueillis et rassemblées en un seul corps et imprimées tant de fois et en tant de lieux qu'il paroist bien par là qu'elles furent très favorablement reçues. Nicolas Richelet les accompagna depuis de si doctes et de si excellents commentaires qu'en faisant esclatter le mérite de son poète il a pour jamais éternisé le sien propre. Je ne parleray point icy du destail de pas une, puisqu'il n'y a personne qui ne sache qu'il n'y a rien de plus noble ny de plus fleury ny mesme de plus hardy pour le temps. Surtout celle à Michel de l'Hospital, chancelier de France, et ceste autre sur la mort de la reyne de Navarre, aussy bien que celle de Céphale, ont passé pour des chefs d'œuvre parmi les maistres de l'art.

La troisième partie des œuvres de Ronsard contient les quatre premiers livres du poème de la Franciade, qu'il s'estoit proposé de poursuivre et de conclure en vingt-quatre livres comme l'Iliade d'Homère, si le roy Charles IXe, son bon maistre, eust vescu davantage, c'est à dire si, après la mort de ce prince généreux, il eust trouvé des récompenses esgales au mérite de son travail. Et en effet, c'est une action de justice, et héroïque mesme aux princes d'avoir soin de la vie de ceux qui

les empeschent de mourir par leurs travaux immortels. Et il
est si vray que Ronsard, en nous donnant cet eschantillon
d'un poème épique, avoit l'intention de nous donner la pièce
entière, que Claude Binet rapporte, en quelque endroict de sa
vie, qu'il luy en avoit monstré les argumens des douze premiers livres, ce que Claude Garnier m'a confirmé depuis, lorsqu'il me dict que feu Jean Gallandius les gardoit encore
parmy ses papiers[115] ; ce que je remarque d'autant plus que, de
son temps mesme, ses adversaires firent courir le bruit qu'il
n'eut jamais intention de l'achever, soit qu'il manquast ou de
force ou de courage, tesmoin la fin de ceste épigrame qu'ils
lancèrent contre luy :

> Parturiit Centaurus, adest vel inepta Chimera
> Qualiscumque ea sit, cauda caputve latet[116].

Et certes ce fut là dessus que Jean de la Jessée composa
un poème assez libre contre Ronsard, qu'il honoroit d'ailleurs
extremement, où il luy dict en termes exprès :

> Je ne veux comme aucuns, sans vergogne et sans crainte
> T'esgaler, mon Ronsard, à la montagne enceinte,
> Car le bruit et succès de les autres escrits
> Rembarre d'assez loin ces criards et ces cris[117].

Et le reste, où il dict que depuis sa plus tendre jeunesse il
a toujours oüy parler de ce fameux poème de la Franciade, et
qu'il y va de la réputation solide de Ronsard de l'achever. Et
sur ce que Ronsard se plaignoit du peu de recognoissance de
son travail, et du peu de bien qu'il avoit pour une si haute
entreprise, il luy respond :

> Dieu gard de mal, Ronsard, à qui n'en a pas tant,
> Et qui vit néantmoins assez libre et content ;
> Voire aussi disposé d'escrire en mainte sorte,
> Si la faveur du Roy luy tenoit la main forte[117].

Et c'est ce que voulloit dire encore Jacques de la Taille, lorsqu'ayant dessein de tenter le poème héroïque, il dict, à l'entrée de son poème de Paris et d'Œnone que s'il avoit la faveur des roys comme Ronsard, il auroit assez de cœur pour tenter et pour accomplir un si laborieux ouvrage, qui demande, non seullement un Virgile, mais encore un Mœcenes ou un Auguste.

Mais comme il y en eut beaucoup qui se faschèrent de voir qu'il exerçoit sa veine sur d'autres subjects, et qu'il laissoit celui-la imparfaict, il y en eut d'autres qui creurent dès lors que ce fameux ouvrage n'avoit pas seullement le défaut de n'être pas achevé, mais encore que ce qu'il contenoit estoit bien esloigné de la perfection ; voire mesme qu'il estoit indigne de la haute réputation de Ronsard. Papirius Masson, qui a faict l'éloge latin de Ronsard, est dans ce mesme sentiment lorqu'il dict que Ronsard avoit entrepris la Franciade, estant desjà sur l'aage, à la sollicitation du roy Charles IXe, et à force de recevoir des présents. Il ne faut pas s'estonner, dict-il, *si omnium judicio minus quàm cœtera eius poemata illud gratum fuit*[118]. Si, dict-il, ce poème au jugement de tout le monde, fut beaucoup moins agréable que tous ses autres poèmes ; et adjouste que comme l'Affrique se joua de Pétrarque ; aussy que la France se mocqua dès lors de Ronsard. Mais outre que ce docteur se trompe en disant que Ronsard entreprist la Franciade fort vite, et par le commandement du roy Charles IXe, puisque il avoit presque faict tout ce que nous avons dès le temps du roy Henry second, et par conséquent que ce n'est pas la production d'un vieux homme ; qui est ce qui luy a dict que cet ouvrage n'est pas si excellent, et qu'il ne fut pas si bien reçu de son siècle ? Certes, les tesmoignages signalés et advantageux que tous les sçavans de son siècle en ont rendus, portent le démenti sur le front à ce pauvre homme, qui estoit véritablement intelligent en beaucoup de choses, mais fort peu versé dans la cognoissance de notre poésie. Adrien Turnèbe, Germain Vaillant, de Guellin, de Pimpont, Michel de l'Hospital, Joachim Du-Bellay, Jean Dorat, Jean Passerat, Amadis Jamyn, Jules Scaliger mesme,

tesmoignèrent bien, par leurs suffrages publics, qu'ils ne met-
toient pas à si bas prix un si noble travail. Mais s'il eust leu
exactement les doctes recherches de la France de Estienne
Pasquier, il eust appris à estimer l'ouvrage le plus estimable
que jusques icy nous ait donné en ce genre d'escrire le Parnasse françois. Car lorsque Pasquier prouve, par des exemples et par des raisons, que les poètes françois imitant les
latins, les ont souvent esgallés et quelquefois surmontés,
n'oppose-t-il pas un grand nombre de vers de la Franciade de
Ronsard aux vers des Argonautiques, de Catulle, d'Apollonius Rhodius, du grand Virgile mesme, tesmoin l'embarque-
ment de Francus et la vive description d'une tempeste qu'il
dict qu'il a empruntée de Virgile, et qu'il a beaucoup relevée
dessus luy, adjoustant qu'en cela et qu'en beaucoup d'autres,
comme Virgile l'emporte de bien loin sur Homère qu'il a
imité, que Ronsard, en beaucoup d'endroits, l'emporte de
bien loin sur Virgile qu'il a imité pareillement. Après ces illustres et fidèles tesmoignages, peut-on dire avecque vérité que le
siècle de Ronsard se soit mocqué de la Franciade ? Je sçay
bien que notre siècle est fertile en esprits qui peuvent aller plus
loin, mais il faut attendre que le temps nous est produit d'autres ouvrages épiques, pour en parler, puisque l'on n'en sçauroit mieux juger que par la conférence des uns et des autres.

Ce poème de la Franciade est suivi de quelques vers que
le Roy Charles IXᵉ fit l'honneur à Ronsard de luy escrire
avecque la response du mesme Ronsard ; par où l'on void l'inclination forte et naturelle que ce grand prince avoit pour les
Muses.

La quatriesme partie des œuvres de nostre poète
contient son Bocage royal, divisé en deux livres, dont chacun
contient plusieurs poëmes adressés aux roys, aux princes et à
de grands seigneurs et à de sçavans hommes. Il l'appelle
Bocage, à l'imitation des Latins, et de Stace spécialement, qui
a faict cinq livres de Sylves, que nos François pourroient justement appeler Bocages. Ceux qui, entre une infinité d'autres
belles choses, auront la curiosité de voir le tableau des quali

tés royales et les hautes louanges du Roy Henry IIIe et de la
Reyne sa mère, n'ont qu'à consulter le premier poème de chaque livre du Bocage, l'un intitulé : le Panégyrique de la
Renommée, et l'autre : A la Reyne Catherine de Médicis. Et
moy j'advoue que j'ay tousjours considéré ces deux petits
ouvrages comme de grands et nobles efforts d'esprit. J'en
laisse le jugement libre aux intelligents.

Son poème d'Orphée est si fort dans la fable, que tout y
est presque mystérieux. Dans les premières éditions de ses
œuvres, Ronsard l'avoit dédié à un nommé du Bray, mais il le
dédia depuis à cet illustre président, Jacques Auguste de
Thou, comme beaucoup d'autres pièces dont il a changé
l'adresse, non pas, dit un de nos originaux, par quelque
inconstance d'amitié, mais par quelque raison puissante.
Ainsy il changea l'adresse d'un sonnet qu'il addressoit à Grévin soubs ces mots :

A Phébus, mon Grévin, tu est en tout semblable[119],

Et le mit ainsy depuis soubs un autre nom :

A Phœubs, Patouillet[120].

D'autant que ce Jacques Grévin, dont j'ay faict aussy la
vie, estoit du nombre de ceux qui avoient aydé à bastir le
Temple de Calomnie contre Ronsard, en haine des Discours
des Misères de notre Temps[121].

Ainsi l'élégie que Ronsard adressoit à Jules Gassot[122],
sur le subject des œuvres de Remy Belleau, passa depuis
soubs le nom de Christophle de Choiseul, pour des raisons
qui me sont incognues. Néantmoins il y a de l'apparence de
croire que ceux dont il a effacé le nom dans ses œuvres, se
sont rendus indignes de cet honneur. Les Muses, qui sont glorieuses, aiment naturellement les généreux et les reconnois-
sants, et sont mortelles ennemies des ingrats et des lasches.
Surtout elles veulent estre louées de ceux dont elles ont publié
les louanges, et n'en sçauroient souffrir un seul traict de mes-

pris ny de raillerie, fust ce des roys mesmes. Et que sçay je, si ce ne fut point pour quelqu'une de ces considérations, que ce grand poète d'Italie, Torquato Tasso, changea presque toute l'économie de son divin poème de la Hierusalem delivrée, et qu'après l'avoir dédié, dans les premieres éditions, au duc de Ferrare, Alphonse second, il l'addressa dans les autres à l'Eminentissime cardinal Cynthio Aldobrandin, soubs cet autre titre de *la Hierusalemme conquistata*, de la Hierusalem conquise, aimant mieux perdre ainsy beaucoup d'excellens vers et une infinité de belles pensées, que d'avoir le desplaisir d'éterniser davantage le mérite d'un prince qui n'avoit point estimé, ny assez hautement loué son pénible travail. Ce qui peut servir de leçon aux grands qui sont amoureux de la véritable renommée, de se concilier, par de bons offices, l'amitié des excellents poètes, puisque des seuls traicts de leur plume dépend la bonne ou la mauvaise réputation des héros. Cet excellent historien, Paul Jove, s'en vantoit d'assez bonne grâce, lorsqu'il disoit qu'il avoit une plume de fer pour ceux qui luy faisoient du mal ou qui ne l'aimoient pas, comme il en avoit une d'or pour ceux qui le favorisoient et lui faisoient du bien. Et ceste vérité fut si universellement recognue par tous les grands de l'Europe, qui vivoient du temps de Pierre Arétin, nommé le fouet des princes, qu'il recevoit des appointements de presque tous, affin qu'il se teust ou qu'il n'en dist point de mal, car comme il avoit l'esprit extrêmement enclin à la satyre, il n'y en avoit pas un d'eux qui ne craignist de tomber soubs sa plume. Il ne fut pas mesme jusques au grand seigneur Soliman et à Hariadan Barberousse, qui ne lui fissent des présents ; car quant au Roy François premier et à l'Empereur Charles Quint, vous eussiez dict qu'ils luy donnoient comme à l'envy une grande pension annuelle. Mais ce que ces grands princes faisoient pour imposer silence à cet esprit trop piquant et trop satyrique, ceux de nostre temps, doibvent le faire pour exciter la Muse de ceux qui sont enclins à relever les belles actions, et à chanter le véritable mérite. Mais passons outre.

La cinquiesme partie des œuvres de Ronsard contient ses Eglogues, qui sont si belles et si pastorales que Théocrite, Virgile et mon Sannazar, qu'il a doctement imités, n'ont rien d'esclattant dans leurs originaux, qui ne soit encore plus brillant et plus animé dans ces excellentes copies. Pierre de Marcassus les a embellies de quelques remarques, aussy bien que les Bocages précédents et les Mascarades qui suivent, des quelles je ne diray rien d'avantage, sinon que l'on void en celles-cy un docte et agréable renouvellement des combats hazardeux de ces antiques chevaliers errans et braves paladins, qui, par leurs gentils cartels et par le puissant effort de leurs armes, soustenoient esgalement l'honneur de leurs princes et de leurs maistresses.

La sixiesme partie contient ses Elégies sur différents subjects, entre lesquelles est ceste fameuse élégie pour Genèvre :

Genèvre, je te prie, escoute ce discours
Qui commence et finit nos premières amours.
Souvent le souvenir de la chose passée,
Quand on la renouvelle, est doux à la pensée[123].

Début qui vaut beaucoup mieux que celuy cy :

Genèvre, je te prie, escoute par pitié
Comment je fus surpris de ta douce amitié.
Ainsy le cours des ans la grâce ne ravisse ;
Ains tousjours en beauté contre l'âge fleurisse[124].

Mais qui est celuy de tous les hommes qui d'abord ait mis jamais ses ouvrages au poinct de la perfection ? Ils demandent, avec la lime du temps, les nouvelles lumières de l'esprit, et c'est dans cette pensée que notre grand Ronsard a tant changé de vers dans sa Franciade, dans ses poèmes et ailleurs. Il est bien vray que je serois presque du sentiment de ceux qui ont cru que, venant sur l'aage, il devint aussy assez mauvais juge et trop grand aristarque de ses livres[125]. Car, deux ou

trois ans avant son décès, vieux et affligé des gouttes qu'il
estoit, et mesme agité d'un chagrin et d'une mélancolie perpétuelle, ceste fureur poétique qui luy avoit tousjours faict si
bonne compagnie l'ayant presque abandonné, il fit réimprimer toutes ses poésies en un grand et gros volume, dont il
reforma l'économie générale ; retrancha de son livre plusieurs
belles et gaillardes inventions qu'il condamna, y changea des
tirades entières, et, en la place de plusieurs vers nobles et har-
dis, en substitua qui n'avoient ny la force ny la pointe des premiers, ne considérant pas qu'encore qu'il fust le père de ses
ouvrages, si est ce qu'il n'appartient pas à une vieillesse cha-
grine et fascheuse de juger des coups d'une gaillarde jeunesse.
Et c'est pour cela que les diverses éditions de ses œuvres, que
j'ay tousjours soigneusement recherchées, m'ont esté d'autant
plus agréables qu'il y a tousjours du plaisir à veoir les divers
sentiments d'un bel esprit sur un mesme subject. A propos de
quoy il me souvient d'avoir un jour rencontré dans son cabinet un sçavant Conseiller d'Estat et grand ami de nos Muses,
qui m'advoua franchement que, depuis quinze jours, il avoit
pris un singulier plaisir à conférer les exemplaires des œuvres
de notre poëte, à cause de ceste agréable diversité. Et de faict
il me fit bien veoir alors que je n'estois pas le seul qui en possé-
dois presque toutes les différentes éditions. Quoy qu'il en soit,
ce changement de l'élégie de Genèvre ne doibt pas à mon
advis estre mis au nombre de ses corrections injustes et
mélancoliques. Mais comme en parlant de Cassandre, de
Marie et d'Hélène, j'ay tasché de dire quelque chose de leur
condition, mon lecteur curieux sçaura ce que j'ay appris
autrefois de la personne de ceste Genèvre. Si j'en doibs croire
Claude Garnier, qui avoit d'assez bonnes traditions touchant
nos poëtes de la Pleyade, ceste Genèvre, que les escrits de
Ronsard rendirent si fameuse, estoit une haute femme, claire
brune, qui estoit femme du concierge de la geôle de Sainct
Marcel. Mais je croirois plus volontiers ceux qui m'ont dict
que ceste Genèvre estoit véritablement la femme de ce célèbre
autheur Blaise de Vigenère, et en effet le nom de Vigenère se
trouve tout entier dans celuy de Genièvre. Et ce qui me

confirme d'autant plus dans ceste créance, c'est que je sçay de bonne part que Ronsard eut un jour un grand demeslé avecque Vigenère, et que se rencontrant tous deux sur le quay de la Tournelle où il demeuroit, on les vit tous les deux sur le poinct de terminer leur différend par un funeste duel, avecque l'espée et la targe ou la rondache comme on le praticquoit alors. Ce qui eust été exécuté sans doubte, si quelques amis communs ne fussent intervenus et n'eussent par un bon accord conservé deux vies si illustres et si précieuses. Et peut-estre que ceste querelle procédoit de quelque principe de jalousie de la part de Vigenère, et d'un excès d'amour de la part de Ronsard, qui n'estoit d'humeur ny à souffrir ny à haïr une chose aimable, telle que l'on dict qu'estoit la belle Vige-nère[126]. Quoi qu'il en soit, il n'y a rien de plus ardant ny de plus passionné que les vers élégiaques qu'il composa pour elle.

La septiesme partie de ses œuvres contient ses hymnes[127], qui sont très excellentes et qui effacent à mon gré toutes celles d'Orphée, d'Homère, de Callimache, et de Marulle, quoique dans les siennes il en ait imité une partie des leurs. Je sçay bien qu'il y en a quelques uns qui ne les ont pas toutes approuvées, tesmoin ce que dict Florent Chrestien de La Baronie, de l'hymne d'Hercules lorsqu'il en parle ainsy dans sa seconde response contre Ronsard :

> O trop outrecuidé d'avoir lasché la bride
> Si fort à ta fureur, que d'esgaler Alcide
> Au fils de l'Eternel! penses tu qu'il soit bien
> Redevable et tenu à ton hymne chrestien
> Pour faire à Déianire esgale son eglise.
> Pour esgaler son faict à une paillardise ?
> Est cela le louer ?...[128]

Et le reste où il reprend trop aigrement ceste perpétuelle allégorie d'Hercules avecque Jesus-Christ[129]. Mais après tout ceste comparaison n'est pas si nouvelle ny si odieuse que ce sçavant archevesque et père de l'église, Théophilacte, qui

vivoit l'an 1071, dans ses doctes commentaires sur le prophète
Jonas, remarquant qu'Hercules fut trois jours au ventre d'une
baleine, n'ait appliqué ceste fable à la vérité des trois jours de
la sépulture de nostre seigneur, et en cela de les comparer l'un
à l'autre, et quoique le docte Tertullien la reprenne encore en
Marcion, on peut dire véritablement que cela estoit blasma-
ble en luy, qui le faisoit par obstination et par hérésie, et non
pas en Ronsard qui l'a faict par honneur, et par effort d'esprit.
Aussy Sénèque, dans ses livres des Bienfaits, dict qu'il n'est
pas hors de propos d'appliquer et d'adapter à Dieu mesme un
nom de rapport et de conformité à ce qu'il a faict : *hunc Her-
culem nostri putant, quod vis eius invicta sit*[130]. Je sçay bien
que celluy qui composa l'apologie de l'homme chrestien
contre nostre excellent poëte, parlant de ses hymnes merveilleuses des quatre saisons luy reprocha d'avoir desrobé les
inventions des autheurs mesmes ridicules : — « Et quoy ! luy
dict il, les quatre saisons de l'an, dont tu as faict quelques
hymnes, d'où sont elles puisées ? A qui en est l'invention ? On
sent bien que tu as escorché le pauvre latin des Macaronées de
Merlin pour faire l'ouvrage plus long ». Mais n'en desplaise à
la censure de ce piquant apologiste, il me pardonnera, s'il luy
plaist, si je luy dis qu'après avoir autresfois assez exactement
leu les fantaisies burlesques et Macaroniques de Merlin Coccaye, je n'y ay rencontré que la moindre chose de ce qu'il dict
et de ce dont il le blasme injustement. Car pour avoir fondé un
ouvrage long, sérieux et admirable sur une trentaine de vers
folastres d'un autheur fantastique, est-ce un crime si grand
dans l'empire des belles lettres ? Et après tout qui considérera
de près les quatorze livres des Macaroniques, où il est parlé
du mariage de la nature et de la naissance de ses quatre en-
fans, il verra bientost que tant s'en fault que Ronsard n'ait pas
exactement suivy l'imagination de cet autheur, qu'il a faict
tout au contraire. Merlin dict que la Primevère fut mariée au
fils de Vénus, et Ronsard dict que le Printemps estoit amoureux de Flore et que Zéphyre, l'ayant arrestée de ses rets pour
contenter sa passion, la luy fict espouser ; et, par là, l'on voic
que Merlin Coccaye faict une nymphe de ce dont Ronsard

faict plus agréablement un demy Dieu. La conférence de leurs ouvrages peut bien mieux faire voir encore la diversité de leurs autres sentiments. Aussi Nicolas Richelet, qui a docte-ment commenté la plupart des hymnes de Ronsard, m'a cent fois dict que c'estoit une vision de certains cerveaux creux, qui croyoient que tous ces quatre poèmes estoient une imita-tion de Merlin Coccaye ; et de faict, dans ses remarques sur l'hymne du Printemps qui est la seule des quatre saisons que nous avons commentée de luy, il ne faict aucune mention de cette vision, purement chimérique. Et certes le cardinal Du Perron cognoissoit bien les mérites de ces quatre excellents poëmes, quand il dict qu'il est impossible de jetter les yeux dessus que l'on ne sente quelque aliénation et quelque trans-port d'esprit en soy, et que l'on n'advoue qu'il fault qu'il y ait quelque âme et quelque génie là-dedans, pour saisir ceux qui viennent à les lire et à les escouter. Voilà bien un sentiment contraire à celuy de La Baronie.

Si j'avois à parler icy du détail de ses autres hymnes, je dirois que son hymne de l'Or est mille fois plus précieuse que le riche métal dont il parle ; que son hymne de l'Éternité doibt éterniser son mérite à tous les siècles ; qu'il n'y a rien de plus juste que de louer hautement son hymne de la Justice. Et ainsi des autres. Mais surtout, ô vous qui, comme disoit un autheur moderne, aimez à voir desployer les maistresses voiles de l'éloquence dans les graves demonstrations, lisez et relisez cent fois, comme j'ay faict, cette hymne miraculeuse de Charles, Cardinal de Lorraine, puisque vous y rencontrerez des saillies d'esprit et des modèles incomparables d'éloges et de louanges ; et cela de telle sorte que Claudien, qui, à mon gré, est celuy de tous les poëtes latins qui l'emporte de bien loin dans le panégyrique, ne pouroit lire celuy cy qu'avecque beaucoup de respect et de vénération. Aussy ce sçavant homme, Jean Besly, dont j'ay faict la vie, ne desdaigna pas de l'enrichir de ses commentaires, aussy bien que la pluspart des autres hymnes. Mais certes Nicolas Richelet le surpassa de bien loin en doctes et profondes observations ; et pleust au bonheur des lettres que la mort ne nous l'eust pas sitost ravy ;

nous aurions aussy bien toutes les hymnes de Ronsard com-
mentées de sa façon que nous en avons heureusement toutes
les odes[131] ; car il me soubvient qu'il m'a autresfois monstré
tous ses commentaires esbauchés !

La huictiesme partie de ses œuvres contient ses divers
Poèmes, divisés en deux livres ; mais poèmes animés du plus
beau feu qui peut-estre ait jamais esclatté sur notre Parnasse.
Je mets en ce rang la fameuse harangue que François, duc de
Guise, fit aux soldats de Metz, le jour mesme de l'assaut, tra-
duitte en partie de Tyrtée, poète grec, comme porte son titre
de l'édition de l'an 1553. Ce que je remarque volontiers pour
ce que toutes les autres éditions suivantes n'en font aucune
mention. Elle commence héroïquement ainsy :

> *Quand Charles empereur, qui se donne en songeant,*
> *Tout l'empire du monde...*[132]

Et le reste qui est héroïque au possible, et qui se soustient
assez dc soy mesme sans le secours d'autry. A ce propos
il faut que je dise que je n'ay jamais approuvé le bizarre dessein de Marie Le Jars de Gournay, qui avoit entrepris de corriger les plus nobles poésies de Ronsard, pour les adoucir,
disoit-elle, et les accommoder à notre style. Et de faict elle eut
la hardiesse de mettre les mains sur celles-cy et de les publier
mesme, avec quelques autres œuvres, précédées d'un advertissement par lequel elle donnoit advis au lecteur qu'elle avoit
heureusement trouvé un exemplaire de toutes les œuvres de
Ronsard, revues et corrigées par l'autheur et de sa main propre ; ce qui estoit absolument faux, comme elle me l'advoua
elle-mesme, en me donnant cet eschantillon d'œuvres corrigées. Aussy luy dis-je dès lors que tant qu'il resteroit un Colletet au monde, on sçauroit par luy l'erreur et la vanité de cette
supposition. — « Trouveriez vous bon, luy disois-je, qu'après
votre mort quelqu'un fust si téméraire que d'aller changer le
sens et les paroles de vos ouvrages, vous qui avez eu le soin,
par un advertissement exprès ou plus tost par une impréca-

tion, de deffendre à toute personne, telle qu'elle soit, d'y
adjouster ny diminuer ny changer aucune chose, soit aux
mots ou en la substance, soubs peine à ceux qui l'entrepren-
droient d'estre tenus, aux yeux des gens d'honneur, pour vio-
lateurs d'un sépulchre innocent et pour les meurtriers d'une
véritable réputation ? »

Et ce fut sans doute ceste plainte, qui la fict désister de
son entreprise, si bien qu'elle borna toutes ses corrections à
deux ou trois pièces de Ronsard, qu'elle fist imprimer, le véritable texte d'un costé et ses corrections de l'autre, dont la
pluspart me sembloient dès lors tout aussy plattes et aussy
efféminées que l'original est masle et sublime.

Voicy sa première correction :

Quand Charles, empereur, d'un désir effréné[133].
. . . .
. . . .

La curieuse postérité me sçaura peut estre bon gré de luy
avoir donné cet advis et d'avoir détrompé ceux qui, sans moy,
auroient adjousté foy à ceste lasche supposition, si elle estoit
parvenue à leur cognoissance[134].

Son discours contre la Fortune au cardinal de Chastil-
lon, son poème intitulé Promesse, où soubs ce nom il se plaignoit tacitement de la Reyne Mère, ses Isles fortunées, que
j'ay célébrées tant de fois dans ceste histoire, et tous les autres
en un mot, méritent bien la glorieuse approbation des justes
et véritables poètes ; car je ne doute point que ces excellens
ouvrages ne desgoutent en quelque sorte ces petits poètes à
chansons et à rondeaux qui, pour quelque vers contraint ou
pour une expression un peu dure, une rencontre de voyelles
ou une ryme un peu libertine, sont en possession de condam-
ner ce qu'il y a de plus noble et de plus auguste dans le temple
des Muses. *Non canimus surdis* : Les intelligens m'entendent
et sont sans doute de mon sentiment.

Tous ces poèmes, sur lesquels Marcassus a faict aussy
quelques remarques, sont suivis de divers Sonnets et Épi-

grammes, aussy considerables par la dignité de ceux auxquels ils sont addressés qu'ils le sont par leur propre mérite et
par l'agréable diversité des matières.

Après suivent ses Gayetés, qui feurent recueillies et
ramassées tout en un corps et imprimées à Paris, in 12,
l'an 1584, soubs ce titre : Livret de Folastries à Janot, Parisien. C'est là que se trouvent ces gaillards dithyrambes du
voyage d'Hercueil et de la Pompe du bouc de Jodelle[135], qui
firent tant de bruit que les huguenots, adversaires de Ronsard, prirent de là sujet de le calomnier et de le vouloir faire
passer pour un grand suppost du paganisme et du libertinage ; injure sanglante qu'il repoussa si vertement que l'affront leur en demeurera éternellement dans ses vers.

La neufièsme partie de ses œuvres contient ses Discours
des Misères du Temps, ses remonstrances au Peuple françois,
l'Institution du Roy Charles et son excellente Response au
Ministre, et plusieurs autres qui sont à mon gré les plus
solides de ses ouvrages. Mais pour ce que j'ay desja tant parlé
de la plus part, je n'en diray rien davantage, sinon que les
éclaircissemens dont Claude Garnier, Parisien, l'un de mes
bons amis, prit le soin de les embellir, sont extrêmement
utiles, en ce que leurs lumières pénètrent et dissipent les plus
espaisses ténèbres qui s'y rencontrent, et y descouvrent mille
particularités très considérables tant pour la poésie ancienne
que pour l'histoire moderne.

Finalement, la dernière partie des œuvres de Ronsard
contient ses Épitaphes sur divers subjects et les derniers vers
qu'il fit pendant la maladie dont il mourut, quelques préfaces
en prose, un recueil de plusieurs de ses pièces qu'il avoit
retranchées aux éditions précédentes, son abrégé de l'art poétique françois, le discours de sa vie par Claude Binet, son
oraison funèbre par le cardinal Du-Perron et son tombeau
recueilly de plusieurs doctes personnages, en vers grecs,
latins, françois et italiens.

Parmy ses épitaphes, les vers funèbres qu'il composa su

la mort du roy Charles IXe, tesmoignent assez, par leurs senti-
mens pathétiques, jusques à quel point il estoit touché de la
mort d'un si bon maistre. Aussy les mit on en teste du recueil
des vers qui en fut faict l'an 1574, sur la perte de ce prince très
débonnaire, très vertueux et très éloquent, comme porte le
titre de ce livre, ou j'ay observé que Pierre de Ronsard mesme
prend au commencement de ses vers la qualité d'aumosnier
ordinaire de Sa Majesté, comme dans un autre de ses poèmes,
imprimé à Paris, in 4°, il prend encore la mesme qualité de
conseiller et aumosnier du Roy et de Madame de Savoie, ce
que je remarque d'autant plus que partout ailleurs il se quali-
fie seulement Vandomois ou gentilhomme Vandomois. Son
tombeau de ceste mesme duchesse de Savoie a beaucoup d'es-
clat et beaucoup de solide. Il est bien vray que je souhaiterois
pour sa gloire qu'il en eust retranché du commencement un
vers grec, qu'il semble avoir tasché de naturaliser :

>   Ocymore, dispotme, oligochronien.

puisque cette hardiesse ne scauroit estre approuvée des plus
judicieux ; ce n'est pas que je ne puisse bien authoriser ceste
saillie poétique par l'exemple de quelques autheurs, tant prophanes que sacrés, puisque le poète Juvénal n'a faict aucune
difficulté d'insérer un proverbe grec parmy ses satyres latines
et d'en couronner la cadence de ses vers :

>   ....E cœlo descendit Γνώϑι σέαυτον[136] ;

et que le poète Perse n'a pas feint de dire :

>   Quis expedivit psittaco suum χαῖρε[137] ?

   Et parmy le grand Sainct Grégoire, en récompense des
psalmes retranchés, n'a-t-il pas introduit le Kyrie eleïson de
l'Église Grecque, au lieu qu'il pouvoit dire en latin : Domine,
miserere. Je laisse l'ἅγιος ὅ θεός ἀϑάνατος voire mesme le paschal hozanna, l'amen, l'alleluia, l'abba et autres semblables

termes hébreux, que nostre religion a consacrés parmy nos
plus ferventes prières latines ou romaines, pour dire que Ronsard se peut encore defendre, pour la raison qu'il n'a introduit
ces mots estrangers en nostre langue que par vœu, lorsqu'il a
dict ex abrupto :

> Ah ! que je suis marry que la Muse Françoise
> Ne peut dire ces mots comme faict la Grégeoise :
> Ocymore, dispotme, oligochronien :
> Certes je les dirois du sang Valésien[138].

Après tout, si c'est un deffaut, ce n'est qu'une petite tache
sur un beau visage, qui ne doibt pas empescher que l'on ne
considère avecque plaisir tant de beaux traits qui s'y rencontrent et tant de particularités des affaires de son temps qu'il y
faict esclatter.

Son abrégé de l'art poétique françois, qui fut imprimé
séparément l'an 1585, avecque des vers latins et françois de
Jean Dorat et d'Edoard du Monin[139] au frontispice, n'a que
ce seul defaut si non qu'il eust esté plus utile s'il eust esté plus
étendu. Mais il ne faict qu'effleurer les matières et n'en appro-
fondit pas une, luy qui estoit si capable de les traicter dignement, comme on le peut plus amplement et plus visiblement
aussy discerner dans ses Espitres à ses calomniateurs et dans
plusieurs de ses préfaces raisonnées.

Ceux qui seront curieux de voir les autres choses qu'il
méditoit encore, dont il se fust acquitté avecque le temps,
n'ont qu'à consulter le discours de sa vie ; car c'est la qu'ils
verront un eschantillon de son poème de la loy divine, qui tesmoigne assez que, s'il eût entrepris des œuvres chrestiennes,
comme il s'estoit desia proposé de faire, il eust sans doubte
effacé en cela toute la gloire de Du Bartas ; du moins c'est la
pensée de ceux qui cognoissent le vray charactère de nostre
poésie.

Après tant de longs et si nobles travaux, se faut il estonner s'il a esté admiré de toutes les nations du monde, dont la
plupart le lisent publiquement dans leurs escholes françoises,

et qui d'un commun consentement l'ont appellé LE PRINCE
DES POÉTES FRANÇOIS, titre advantageux qu'il a
conservé jusques icy inviolablement, que quelques uns luy
ont disputé, mais que pas un encore ne luy a ravy. Certes si
nostre siècle heureux et fertile en excellens esprits, ne faict
naistre quelque grand génie capable de s'eslever advantageusement au dessus des autres, il est au hazard de se maintenir
encore longtemps dans une possession si légitime. Mais il en
est des poètes comme des roys; tous les siècles n'en produisent
pas un qui soit adorable. O grand Ronsard! pour qui, à
l'exemple de tant de grands hommes, j'ay toujours eu une vénération singulière, si je te rends icy les mesmes honneurs que
Jules Scaliger a rendus à Virgile, n'est ce pas en effect ce que
tu as de mesme mérité? Il luy érigeoit des autels dans ses œuvres, et je me resjouis de t'en consacrer éternellement dans les
miennes. Il le recognoissoit comme le Dieu du Parnasse latin,
et je te recognois comme le génie tutélaire du Parnasse de
France.

Mais ce n'est pas tout de dire icy qu'il a esté hautement
loué et respecté des grands hommes, outre ceux dont j'ay
desja parlé, et tous les autres encore dont on void les illustres
noms parmi ses œuvres propres; il me semble à propos d'en
remarquer encore quelques-uns de ce nombre prodigieux qui
se présente en foule à ma mémoire. Jacques Pelletier, du
Mans, non content de l'avoir recognu, dans son art poétique,
pour le prince et pour l'inventeur de nos odes, comme je l'ay
observé cy dessus, l'appelle en un autre lieu esprit sublime et
rapporteur de la poésie ancienne. Ce docte et illustre censeur
des poètes, Jules Scaliger, luy dédia ses odes anacréontiques,
avecque des termes et des éloges qui approchent de l'adora-
tion, témoin ce commencement :

> *Quo te carmine, quâ prece.*
> *Quo pingui genium thure adeam tuum.*
> *Immensi sobolem aetheris, etc*[140].

Ces grans ornemens de l'Italie, Victor Pierre Bargœus,
Sperone Speroni, l'ont tellement estimé, qu'ils ont rendu tes-

moignage que, par la divine poésie de Ronsard, nostre langue s'esgaloit à la langue grecque et à la latine. Et c'est aussy ce qui obligea ce fameux professeur en philosophie et en éloquence, Pierre Ramus, de puiser dans les œuvres de Ronsard de beaux exemples d'élégance, pour en orner sa rhétorique françoise, comme Quintilien fist autresfois des œuvres d'Horace et de Virgile. Ce sçavant homme escossois, Alexandre Bodius, dans la première centurie de ses Lettres Heroïdes, imprimées à Anvers, l'an 1592, parlant des poëtes illustres de tous les siècles, rend ce noble tesmoignage au mérite de Ronsard : *Fuit quoque qui linguam coluit gallicam, Petrus Ronsardus. De hoc quid dicam? Addo novum sidus, solumque refero horrum in numerum, quos miror miser*[141]. Pierre de Ronsard, dit-il, est un de ceux qui ont dignement cultivé la langue françoise. Que puis-je dire de luy? si non que c'est un nouvel astre de la France, que je mets au nombre de ceux que j'admire humblement. Ce docte espagnol, Covarruvias, ces fameux poètes allemands, Paul Mélisse, Posthius, ont remply leurs ouvrages des louanges de Ronsard. Estienne Pasquier, après luy avoir addressé plusieurs excellentes épigrammes latines et plusieurs doctes lettres françoises, qui se rencontrent dans ses œuvres, parle tousjours si magnifiquement de luy en mille endroicts de ses recherches de la France, il le met si haut au dessus des autres poëtes du monde, que le ciel n'est plus eslevé au regard de la terre, et conférant plusieurs de ses vers avecque les plus beaux endroicts des poëtes latins et italiens, il conclud presque tousjours à l'avantage de nostre grand Ronsard. Henry Estienne estoit certes du mesmes sentiment, lorsque, dans son traité curieux de la précellence du langage françois, il monstre comme nostre poëte l'emporte de bien loin sur Apollonius Rhodius, dans les choses mesmes qu'il a imitées de ce poëte grec; voire mesme comparant quelques passages de Virgile, imités par le divin Arioste et depuis par Ronsard, il justifie clairement comme en surmontant l'Arioste, il a puissamment combattu Virgile, combat, dit-il, qu'il ne faut pas estimer petit; car outre que Virgile s'est estudié fort à la gravité, il a parlé en une langue

qui est extrêmement grave de soy mesme et qui, dans la pensée de plusieurs, surpasse encore de beaucoup en cecy la langue grecque. Louis Le Caron, surnommé depuis Carondas,
dans ses Poésies le recognoist franchement pour le prince de
nos poëtes, tesmoin ces deux vers tirés d'une longue Ode
horatienne qu'il luy addresse :

> Des Muses le puissant Dieu
> A voullu, dans ce Terpandre,
> Toute la liqueur respandre
> Qui jaillissoit du saint lieu.
> O vray Prince des Poëtes,
> Darde sur moi tes sagettes[142].

Et c'est pour cela mesme que, dans ses divers dialogues
en prose, il y en a un qu'il intitule Ronsard, où il le faict parler
en maistre des autheurs, des hauts et profonds mystères de
nostre poésie françoise. Charles de Fontaine, dans ses Ruis-
seaux, lui en consacre un qui n'est pas des plus clairs et des
plus esclattant du monde ; mais au moins qui luy porte le tri-
but d'honneur que toutes nos Muses doibvent à son mérite
infiny.

Jacques Grevin, dans ses Amours d'Olympe et dans sa
Gélodacrye, luy dédie plusieurs vers et sonnets, où il faict bien
paroistre qu'il le recongnoissoit pour le maistre de tous, et par
conséquent qu'il avoit alors pour sa gloire de meilleurs sentiments, que depuis, quand il ayda à bastir le temple de la
Calomnie contre ce grand poëte. Pierre Le Loyer, dans son
Idyllie de la Louange du Loir, prend à tasche de faire son
panégyrique où il le traite de divin :

> Et toi, divin Ronsard, dont la veine féconde, etc[143].

Jean Le Masle, Angevin, dans ses commentaires sur le
Bréviaire des Nobles et sur le Criton de Platon, parle fort
honorablement de luy en plusieurs endroits, aussy bien que
dans ses Récréations poétiques :

> Tesmoin Ronsard et Du Bellay, qui ont
> Si bien porté le laurier sur le front[144].

Édoard du Monin, sur la fin de son poème épique du Phœnix, le met en teste de ceux qu'il juge dignes de célébrer les propriétés et la naissance de cet unique oiseau :

Ronsard, Dorat, Pimpont, Sainte Marthe, Baïf[145].

Et dans son discours de la poésie philosophique, aussy bien que dans ses préfaces et partout ailleurs, il parle de luy comme d'un esprit rare, miraculeux et divin, tesmoin ces vers fantasques mais déférants :

> *C'est le grand Vandomois, dont la Muse féconde*
> *Ne sçauroit envier une lyre seconde,*
> *C'est ce divin Ronsard, dont la ronce vaincroit*
> *Toute rose et tout lys qui chez les autres croist ;*
> *Voire ces jeunes chants sont parlantes régales,*
> *Et ses plus menus vers sont voix sacramentales*[146].

François Habert d'Issoudun, dans une Epître latine, qui est à la fin de ses commentaires françois sur les divins oracles de Zoroastre, dit que Ronsard a monstré dans ses œuvres un prétieux eschantillon de sa splendeur éternelle, tesmoignage qui est d'autant plus considérable que celluy qui le rend estoit en grande réputation de son temps, et que celluy qui le reçoit ne faisoit presque alors que de naistre et de se produire au monde. Guy Lefebvre de La Boderie, dans ses hymnes de piété et dans le cinquiesme cercle de sa Galliade, parle de luy en ces termes fort honorables, où il se joue mesme sur une anagramme de son nom :

> *Vive le grand Ronsard, qui d'esprit haut et rare*
> *A faict en son beau nom se redorer Pindare,*
> *Et qui, nouveau Terpandre, a restably les loix*
> *Des vers modulisez de nos bardes gaulois,*
> *Rapportant le premier en la terre gallique*
> *Des Romains et des Grecs la poésie antique*[147].

Et dans la préface de son Encyclopédie de l'Éternité :

Le Pindare françois, sur sa lyre a sept chordes,
Premier a ranimé les sons melodieux,
Des Grecs et des Romains, en hymnes comme en Odes
Célébré les vertus des hommes et des Dieux[148].

Et un peu après, en gros characthères :
En PIERRE DE RONSARD SE REDORER PIN-
DARE[149].

Nicolas Lefebvre, son frère, fut bien de ce mesme sentiment, lorsque, dans une de ses odes pindariques, il parle ainsy
de Ronsard :

Calliope au gentil regard
De son Ronsard est amoureuse[150].

Joachim Du Bellay, son compagnon d'estudes et son
illustre rival, ne se peut lasser de le louer non seullement dans
ses œuvres françoises recueillies toutes en un corps, mais
encore dans ses poésies latines, qui sont entre les mains des
scavans et qui ne sont pas si communes ; voire mesme dans
son livre des Allusions, voicy comme il se joue assez heureusement sur l'anagramme de son nom, faicte par Jean Dorat,
σῶς ὅ Τέρπανδρος.

Qui te nosse cupit, solo sat nomine notum,
Nominis invertat graeca elementa tui ;
Terpandrum inveniet Ronsardi in nomine salvum,
Te que ideo priscis vatibus esse parem[151].

Et le reste qu'on peut consulter dans l'original, qui est
très curieux et très rare. Après avoir prins mon texte de la
suite des vers d'un autheur si grand et si célèbre, doibt-on
trouver étrange si, pour éviter une trop grande prolixité, je me
contente de rapporter icy confusément les noms d'une partie
de ceux qui ont loué nostre Ronsard, sans m'obliger de rap-

porter précisément les passages. Pierre de Brach, Bourdelois, dans ses Amours d'Aymée et dans son Hymne de Bordeaux, Jacques Tahureau, Olivier de Magny, Jean de la Péruse, Jean Antoine de Baïf et toute le Pléiade des poëtes de leur temps dans leurs œuvres. Guy de Tours, Claude de Trelon, Jacques et Marie de Romieu, Guillaume du Buys, Gabrielle de Coignard, le capitaine Lasphrise, Maclou de la Haye, valet de chambre du Roy Henry II dans ses opuscules ; François Gauchier, Etienne Bournise de Moulins, dans ses poésies latines et françoises, Courval dans ses diverses satyres, Regnier et Auvray, et je crois du Lorens dans les leurs ; Charles d'Espinay, Évesque de Dol, dans ses sonnets amoureux, Adrien de Gadon dans ses Paysages et ailleurs, Jean Doublet, Dieppois, dans ses élégies ; Réné Bretonnyau dans son docte poème de la Génération de l'homme, Nicolas Regnaud dans ses poésies amoureuses ; Nicolas Pinon dans ses diverses poésies ; Abel d'Argent dans sa préface de la Sepmaine du monde ; Pierre du May, Savoisien, dans ses épithalames ; Pierre Cheminard dans les siennes ; Philippe Bosquier dans la préface d'une de ses tragédies ; Jacques Grevin dans sa préface du Petit fils ; Ticier[152] en plusieurs endroits de son Philogame ; Flaminio de Birague, Aubert dans son Antidote d'amour ; Henry dans sa Bellone Belgique ; Guillaume des Autels dans son recueil chrestien ; Pierre de La Roche dans ses Congratulations : Pierre de Laudun d'Aigaliers dans ses poésies et dans son art poétique ; Pierre de Deimier dans le sien ; De Vernaizon dans son Introduction à la poésie françoise ; Blaise Du Puys dans son Oracle de la poésie italienne et espagnole ; Jean Aymar de Chevigny dans ses Pleyades et je croy, dans son Ianus françois ; Isaac Habert dans sa complainte sur la Mort de Ronsard ; Jacques Veillard dans ses Funèbres Cyprès, où l'on veoit un ample et excellent recueil de vers grecs, latins et françois sur le trespas de Ronsard, composés par plusieurs autheurs et publiés l'an 1586, l'année mesme que Claude Binet fit imprimer le sien, qui fut l'an 1586. Et c'est là que Jean Dorat, Jean de Descaurret, Frédéric Morel, mon maistre, Paschal Robin du Faux, André de Rossant, jurisconsulte, Nicolas Goulu, Sébastien Rouillard de Melun, Pierre Tamisier, président de Mâcon, Jean Passerat, Georges Laporte et plusieurs autres s'efforcent à l'envy de célébrer si hautement ses louanges. Et n'y en a pas un d'eux qui ne le recognoisse pour le prince et le coryphée des poëtes françois. Maurin de La Porte, parisien, faict son éloge dans ses distres françoises et advoue ingénument que ses œuvres ont esté cause de la peine qu'il prist à nous donner ce recueil d'épithètes, si utile à la jeunesse studieuse. Estienne de la Boëtie, dans ses poèmes latins, prend sa deffense en main contre un certain Lausanne qui blasmoit Ronsard de se trop amuser à chanter des amours prophanes. Michel de Montaigne, son amy, faict honorable mention de luy dans ses nobles Essays. Nicolas[152] Vauquelin de la Fresnaye, dans ses trois livres de l'art poétique en vers, dans ses satyres françoises et partout ailleurs, le cite tousjours avecque préface d'honneur en une infinité d'endroits. Ponthus de Thiard luy addressa son poème latin *De Astris* : mais oublierais-je icy ce grand Salluste Du-Bartas qui, dans son second jour de la seconde sepmaine, parle de la sorte si magnifiquement de Ronsard :

L'autre est ce grand Ronsard qui, pour orner la France,
Le grec et le latin despouille d'éloquence,
Et, d'un esprit hardy manie heureusement
Toutes sortes de vers de style et d'agrément[153].

Raoul Caillez[152], poictevin, disciple de Nicolas Rapin, qui l'a pareillement si justement loué, outre le sonnet qu'il composa sur l'oraison funèbre de Ronsard[154], prononcée par le cardinal Du Perron, fit encore un poème de longue haleine sur la mort de ce grand poëte, que l'on a injustement retranché de tous les recueils.
Il commence ainsy :

Pleurons le grand Ronsard; tous les poëtes pleurent;
Ou plutost par sa mort tous les poëtes meurent;
Les Muses et l'Amour languissent par sa mort,
Et Parnasse sent bien que son poëte est mort[155].

Denis Lambin, dans ses commentaires latins sur l'art poétique d'Horace, prend subject de louer hautement Ronsard, dont il rapporte mesme le commencement de sa Franciade, qui n'estoit pas encore alors publiée, avec la version, qu'en fit en beaux vers latins le docte Jean Dorat, qui en traduisit encore beaucoup d'autres : Estienne Tabourot, non content de l'avoir loué en plusieurs endroits de ses agréables Bigarrures, prit encore le soin de traduire en vers latins le poëme de la Fourmy, composé par Ronsard, suivant la publication qui en fut faicte à Paris l'an 1565. Jacques Grenier traduisit aussy d'un bel air latin l'hymne de Ronsard pour Zéthès et Calaïs, où il tesmoigne assez, si la mort ne l'eust prévenu, qu'il avoit dessein de traduire toutes les autres. Pantaléon Thévenin, de Commercy en Lorraine, commenta doctement son Hymne de la Philosophie, du vivant mesme de Ronsard, puisqu'il publia ce travail l'an 1582, à Paris, in-4º. Louis Le Roy, tout censeur sévère qu'il estoit des œuvres des autres, dans son livre de la Vicissitude des choses, dans ses épitres latines et ailleurs, le met au nombre des grands personnages qui ont excellé dans les lettres. Claude Duret, président du Bourbonois, dans son Trésor curieux de l'histoire des langues, le considère comme celuy auquel nostre langue françoise est le plus redevable de sa richesse exquise et de ses précieux ornements. Cet illustre président, Jacques Auguste de Thou, après l'avoir hautement loué, dans un juste poëme latin qui se void dans le tombeau de Ronsard, luy voulut consacrer un éloge éternel dans son histoire, où en peu de mots il faict un docte abrégé de sa vie, et c'est là qu'entre autres choses il dict que par ses longs et pénibles travaux, il fit si bien en sorte que non seullement il imita les plus excellents poëtes de l'antiquité, mais qu'il surpassa encore la plupart d'entre eux en mérite ; qu'ayant eu de la nature des graces qui ne se rencontrant que très rarement ensemble, l'impétueuse vivacité de l'esprit et la solidité du jugement, il avoit faict esgalement esclatter l'une et l'autre dans ses doctes ouvrages, qu'il avoit tellement marié l'art à nature, par la fréquente lecture des bons livres, que, depuis le siècle d'Auguste, il ne s'estoit veu jamais un si grand génie, ny un si grand poëte ; que, sur la fin de ses jours, il fut accablé de maladies contractées dès sa jeunesse, que l'aage et le temps avoient rendue un peu trop sinon desbordée, au moins fort licentieuse. Apres tout, adjoute-t-il, le ciel l'ayant faict naistre l'année mesme que le grand Roy François Ier combattit si malheureusement sur le Tésin, et fut pris devant Pavie, il sembla, par l'heureuse naissance de ce grand poëte, vouloir récompenser la perte insigne que la France faisoit en la personne de ce grand prince et dans la ruine de nos affaires ; qu'ayant contracté une amitié très estroite avecque Jean Gallandius, il avoit rencontré en luy un ami fidelle, qui l'avoit aymé au dela du tombeau, puisqu'il prit le soin de luy faire célébrer des obseques pompeuses dans le collège de Boncourt, où il fit eslever sa figure en marbre et renouveller tous les ans ces debvoirs funèbres par un docte concert d'oraisons funèbres, d'inscriptions et d'épitaphes, dignes de la mémoire d'un si grand poëte et de la piété d'un amy si noble et si généreux. Et en effect ce fut en ce lieu fameux, que par les ordres de Gallandius, ce docte professeur de l'Université, Georges Critton prononça en latin l'oraison funèbre de Ronsard, le jour solennel de son anniversaire ; que Jacques Veillard, Chartrain, fit depuis la même chose ; que le mesme Critton et le mesme Veillard et Panagius Salius publièrent encore sur le mesme sujet d'excellents poëmes grecs et latins, et qui se sentent parfaitement de l'air de la vénérable antiquité. Ce fameux historiographe de France, François de Belleforest, parle souvent avec éloge, dans ses poésies françoises, du Cygne Vandomois, par lequel il entend effectivement désigner Ronsard.

Dans ses Annales de France, où il le cite en plusieurs endroicts, parlant de luy tout au commencement de son histoire, il l'appelle cet axcellent seigneur Pierre de Ronsard, le père et l'ornement de la poésie françoise. Et dans le second livre de son Histoire des Neuf Roys Charles, il dict en termes exprès que plusieurs excellents personnages ont escrit de divins et diversifiez poèmes, suivant l'enseigne de Pierre de Ronsard, gentilhomme Vandomois, qui, le premier d'entre

eux, a faict résonner sa lyre d'autre façon et avecque de plus
subtils accords que pas un de nos prédécesseurs, voire avec
telle érudition que ny les Grecs ny les Latins n'ont de quoy
s'attribuer l'advantage sur les nostres. O heureux siècle,
adjouste-t-il, qui te void illustré de tels flambeaux, et vous,
Roys et Princes, que vous êtes favoris du ciel et de la fortune,
de rencontrer de si nobles trompettes pour publier la gloire de
vos beaux faicts ! Rodolphe Botero, dans la seconde partie de
ses Annales de France, remarque que l'an 1609, Joachim de la
Chétardie, conseiller au Parlement de Paris et prieur de Saint
Cosme les Tours, après avoir restabli ce fameux monastère,
voyant que le tombeau de Ronsard estoit miné, moins par la
vieille suite des années que par l'irruption violente et sacrilège
des Huguenots ; voyant que le grand Ronsard, que ces
mesmes Huguenots avoient tant haÿ pendant sa vie et durant
la fureur des guerres civiles pour la religion, qu'ils avoient
tant de fois inutilement attaqué et tant de fois poursuivi à
coups de fusil et de carabine, avoit un tombeau comme n'en
ayant point, et qu'à peine restoit il en ce sacré lieu quelques
vestiges de la sépulture de ce grand poëte, se résolut de luy
faire ériger un monument de marbre, non pas digne de luy,
puisque sa mémoire et ses œuvres dureront plus que le marbre et l'airain, mais capable de tesmoigner au moins à ceux de
son siècle que le nom du grand Ronsard luy estoit en singulière vénération et qu'il tenoit à beaucoup de gloire de possé-
der vingt ans après ce fameux prieuré de Saint Cosme ; action
généreuse de ce noble sénateur, duquel on peut dire véritablement ce que l'on disoit autresfois ce me semble de César,
qu'en redressant les statues de Pompée, il avoit reddressé et
affermy les siennes. Voicy donc l'éloge qu'il fit graver dans
une table de marbre, au-dessus du portrait de Ronsard, de la
mesme matiere.

EPITAPHIUM PETRI RONSARDI
POETARUM PRINCIPIS ET HUIUS COENOBLI QUONDAM
PRIORIS

D.M.

CAVE VIATOR, SACRA HAEC HUMUS EST.
ABI, NEFASTE, QUAM CALCAS HUMUM SACRA EST.
RONSARDUS ENIM IACET HIC.
QUO ORIENTE ORIRI MUSAE,
ET OCCIDENTE COMMORI,
AC SECUM INHUMARI VOLVERUNT.
HOC NON INVIDEANT, QUI SUNT SUPERSTITES,
NEC PAREM SORTEM SPERENT NEPOTES.

IN CUIUS PIAM MEMORIAM
JOACHIM DE LA CHETARDIE,
IN SUPREMA PARISIENSI CURIA SENATOR
ET ILLIUS, VIGENTI POST ANNOS,
IN EODEM SACRO COENOBIO, SUCCESSOR
POSUIT.

La voicy en françois en faveur de la satisfaction des dames qui pourront jetter les yeux sur cet ouvrage :

EPITAPHE DE PIERRE DE RONSARD[156].

PRINCE DES POÈTES ET AUTRESFOIS PRIEUR DE CE MONAS-TÈRE.

———————

ARRESTE, PASSANT, ET PRENDS GARDE ; CESTE TERRE EST SAINCTE, LOIN D'ICY, PROPHANE ! CESTE TERRE QUE TU FOULES AUX PIEDS EST UNE TERRE SACRÉE, PUISQUE RONSARD Y REPOSE. COMME LES MUSES QUI NAQUIRENT EN FRANCE AVECQUE LUY, VOULURENT AUSSY MOURIR ET S'ENSEVELIR AVECQUE LUY, QUE CEUX QUI LUY SURVIVENT N'Y PORTENT POINT D'ENVIE, ET QUE CEUX QUI SONT A NAISTRE SE DONNENT BIEN DE GARDE D'ESPÉRER JAMAIS UN PAREIL ADVANTAGE DU CIEL.

C'EST A LA MÉMOIRE DE CE GRAND POÈTE QUE JOACHIM DE LA CHÉTARDIE, CONSEILLER AU SOUVERAIN PARLEMENT DE PARIS ET, VINGT ANS APRÈS, SON SUCCESSEUR EN CE MESME PRIEURÉ A CONSACRÉ CESTE INSCRIPTION FUNÈBRE.

———————

Ce qui fut anciennement prophétisé par Georges Critton, dans son oraison funèbre de Ronsard, lorsqu'il dict que comme le Roy François Ier se rencontrant en Avignon, ne dédaigna pas de se destourner de son chemin pour voir le tombeau de ce fameux poëte d'Italie, François Pétrarque, et mesme de composer une épitaphe en sa louange, qu'avant que de partir il y fit graver dans une lame d'airain, aussy qu'un jour il adviendroit que quelque grand prince, amateur des Muses, rendroit les mesmes honneurs aux mânes de Ronsard : *futurum aliquando*, dit-il, *confidimus ut idem honos Ronsardi manibus ab amante Musarum principe persolvatur*[157]. Et c'est ce que, au défaut d'un prince, a faict ce digne sénateur, de qui l'âme s'est en cela monstrée toute royale. Ce qui n'empeschera pourtant pas que je ne dise en passant que la beveue de ce docte professeur escossois Critton, ne soit assez remarquable, puisqu'il prend le tombeau de madame Laure pour le tombeau de Pétrarque, son amant, qui mourut effectivement, non pas à Avignon, mais en la ville de Padoue, dont il estoit chanoine, et qui y fut honorablement ensevely, près de ceste mesme ville, en un lieu nommé Arqua, voisin des montagnes Euganées, dont ce poëte avoit tant aymé l'agréable solitude.

Arnaud Sorbin, Evesque de Nevers et confesseur et prédicateur ordinaire du Roy Charles IXe, dans l'histoire de la vie de ce prince, publiée à Paris, l'an 1574, remarque précisément que ce prince généreux aimoit la poésie, et prenoit plaisir à faire des vers, qu'il envoyoit à son poëte. M. de Ronsard, homme, adjouste-t-il, qui se faict plus paroistre par ses vertus et doctes vers que je ne le sçaurois descrire, de qui la lecture luy estoit si agréable que bien souvent il passoit une partie de la nuict à lire ou à faire réciter ses poèmes, à quoy il employoit volontiers Amadis Jamyn, Adrian Leroy, maistre de la musique de sa chambre, et quelques autres de ses serviteurs domestiques.

Mais encore il n'est pas hors de propos de remarquer icy du moins les noms illustres de tant d'excellents hommes, qui honorèrent par leurs doctes vers les restes de Ronsard, et dont

Claude Binet prit le soin de faire le noble recueil, et d'en com-
poser luy mesme une partie. C'est là que l'on void esclatter,
avec beaucoup d'autres, ces noms si fameux par le monde,
Jean Dorat, Nicolas Gollust, son gendre, Georges Critton,
Germain Vaillant, de Pimpont, évesque d'Orléans, Ponthus
de Thiard, évesque de Chaalons, Jean Antoine de Baïf, Jean
Passerat, proffesseur du Roy en éloquence, Jacques Auguste
de Thou, Robert Garnier, Amadis Jamyn, Scévole de Saincte
Marthe, Estienne Pasquier, Pierre Pithou, Antoine Loisel,
Jean Gallandius, Jean Bertaut, évesque de Séez, de qui le
poëme est miraculeux, Nicolas Rapin, Louis d'Orléans, Paul
Mélisse, Papyrius Masson, Antoine Hotoman, Robert
Estienne, Gilles Durand de la Bergerie, A. Turnèbe, fils du
docte Hadrien Turnèbe, Cosme Ruggieri, Louis Marcel, et
mesme, si j'ose me mettre au nombre de tant de grands
hommes, mon nom s'y rencontre au dessous d'un sonnet de
ma façon, que je fis à la sollicitation du docte Nicolas Richelet, qui le fit imprimer dans la dernière édition des œuvres de
Ronsard, publiées à Paris en un grand volume[158], l'an 1623 ;
je dis en grand volume, car les œuvres de Ronsard, quelque
mespris qu'en facent quelques faibles esprits de nostre temps,
ne sont pas encore tellement mesprisés des sçavans hommes,
qu'un imprimeur n'ait pris le soin de les publier nouvellement
à Paris depuis peu d'années en six petits volumes in-12. Et
comme tout le mérite du grand Ronsard m'est extrêmement
pretieux, dans mon églogue pastorale et funèbre sur la mort
de Scévole de Saincte Marthe, imprimée à Paris dès l'an 1624,
j'introduis, par un épisode, un berger qui prend plaisir à louer
Ronsard contre ceux qui le calomnient. L'autheur du Promptuaire des médailles nous donne son portrait et son éloge tout
ensemble. L'autheur de l'histoire chronologique fit succincte-
ment la mesme chose. Antoine Du Verdier, Lacroix du
Maine, et tous les autres bibliothéquaires latins et françois,
luy ont donné le rang qu'il mérite par ses œuvres et Jacques
Gaddius, autheur moderne italien, dans ses œuvres latines
imprimées à Florence l'an 1636, a renouvellé la gloire de Ronsard, par un bel éloge latin qu'il luy consacra, où, entre autres

choses, il remarque ceste particularité très considérable que je
n'ay jamais vue ailleurs, et qui est extrêmement advantageuse
à Du Bartas. C'est, dict-il, que des que Ronsard eust leu la
sepmaine héroïque de Du Bartas, il luy donna une plume
d'or, avecque cet éloge que Du Bartas avoit beaucoup plus de
jours d'honneur et de gloire en une seule sepmaine qu'il
n'avoit jamais faict en toute sa vie[159]. Mais je pense avoir suffisamment respondu à ceste remarque, voire mesme l'avoir
assez puissament réfutée par un sonnet de Ronsard, que j'ay
fidelement rapporté dans la vie de Du Bartas. Depuis peu de
temps encore le père Pierre de Sainct-Romuald, religieux
feuillant, dans son curieux Theastre chronologique, le Père
Hilarion de Coste, dans son docte livre des Éloges et des Vies
des femmes illustres, Scévole et Louis de Saincte Marthe,
dans leur fameuse Histoire Généalogique de la famille
royalle, François de Mezeray, dans sa noble Histoire de
France et Nicolas Frenicle, dans ses agréables entretiens des
illustres bergers[160], rendent tous au mérite sublime et à la
réputation prodigieuse du grand Ronsard les justes et véritables honneurs que luy doibvent toutes nos Muses. En un mot,
depuis plus d'un siècle, il n'y a presque point eu d'orateur ny
de poëte, d'historien ny de théologien mesme, qui, dans leurs
divers escrits, n'ayent tousjours, aux occasions, advantageusement parlé de ce grand héros de nostre Parnasse qui, de son
vivant mesme, a jouy de la plus haute et de la plus esclattante
gloire que jamais homme de lettre ait possédée. Finalement je
concluray ce discours de la vie du plus grand de tous nos
poëtes par cet hymne poétique que j'ay autresfois imité d'une
cinquantaine de beaux vers latins que Scévole de Saincte
Marthe composa sur sa mort et qu'il luy consacra comme une
juste apothéose, parmy ses éloges des hommes illustres, que
depuis quelques années j'ay traduits et publiez en nostre langue[161] :

Sur le docte sommet de ceste ville antique[162].

Nous utiliserons par la suite les abréviations suivantes:

RB: *Vie de P. de Ronsard* de Claude Binet, éd. historique et critique par P. Laumonier, cit.

Comm.: «Commentaire historique et critique» de la même éd. de Laumonier. Ici nous en rapportons quelques citations, mais il pourrait aussi bien servir en son entier de commentaire à la *Vie de Ronsard* de Colletet.

OC: P. de RONSARD, *Œuvres complètes*, éd. critique établie par P. Laumonier, révisée et complétée par I. Silver et R. Lebègue, t. I-XX, Paris, Hachette, *puis* Droz, *puis* Didier, 1914-1975, «Société des Textes français modernes», 2e éd., Paris, Didier, 1957-1975.

1. *Bocage*, 1554, 1555: «A Pierre de Paschal»; *Œuvres (Poèmes,* 1er livre), 1560: «A Remy Belleau»; éd. 67-73: «Elegie à Remy Belleau»; éd. suiv.: «Elegie», vv. 43-45; OC, t. VI, p. 65.

Cf. Comm., pp. 59-60.

On constate, d'après cette citation et les suivantes, que Colletet comme Binet (1re rédaction de la *Vie de Ronsard*) s'est servi des éditions collectives des *Œuvres* de Ronsard publiées en 1584 et en 1587.

Sur la date de naissance de Ronsard, cf. Comm., pp. 66-67.

2. Cf. RB, p. 4; Comm., pp. 66-67.

Colletet s'est servi de la 3e rédaction de Binet (augmentée et corrigée) publiée en 1597 chez la veuve de Gabriel Buon. Laumonier cite sous la lettre *C* les variantes de cette édition par rapport au texte *princeps* de 1586.

3. «Elegie» cit. [À Belleau], vv. 7-18; OC, t. VI, pp. 61-62.

4. «On a même accepté comme une vérité incontestable l'existence du Baudouin de Ronsard, dont le prénom n'apparaît que dans Binet (copié par Colletet)»: Comm., p. 54. Laumonier consacre les pp. 53-56 au commentaire des légendes sur l'origine étrangère de Ronsard.

5. «Elegie» cit. [À Belleau], vv. 31-38; OC, t. VI, pp. 63-64.

6. «Colletet reproduit sans contrôle à la fois le témoignage de Du Perron et celui de Binet, et il ajoute une troisième erreur, qu'ils n'ont pas commise, en disant que 'les enfants de France' accompagnés par L. de Ronsard en Espagne furent François et *Charles* duc d'Orléans»: Comm. p. 62.

7. «Elegie» cit. [À Belleau], vv. 47-50; OC, t. VI, pp. 65-66.

8. *Ibidem*, vv. 51-55; OC, t. VI, p. 66.

9. «Quant au fait d'avoir appris la langue anglaise, que signalent Du Perron et Binet (et Colletet qui les a copiés), on nous permettra d'en douter»: Comm., p. 75.

10. «Elegie» cit. [À Belleau], vv. 55-60; OC, t. VI, pp. 66-67.

11. P. Blanchemain dans son *Étude sur la Vie de Ronsard* (t. VIII des *Œuvres complètes* de Ronsard, cit., p. 10, note n° 2) écrit: «Selon Colletet, ce seigneur Paul était écossais et Ronsard l'avait connu à la cour de Jacques

Stuart. Au dire de Baïf, il était piémontais et avait été page avec Ronsard. Binet ajoute qu'il était frère de M.me de Philippes, mère de M.me de Châtellerault ». Cf. aussi Comm., pp. 85-86.

12. « Elegie » cit. [À Belleau], vv. 61-66 ; OC, t. VI, p. 67.

13. *Ibidem*, vv. 75-79 ; OC, t. VI, p. 68-69.

14. Ad. Van Bever cite ce passage de Colletet dans l'introduction à son édition du *Livret de Folastries* (Paris, Mercure de France, 1907, p. 7, note n° 3). Cf. Comm., pp. 77-79, à propos du voyage en Allemagne de Lazare de Baïf.

15. J.-A. de BAÏF, *Euvres en rime* : [Épitre liminaire] « Au Roy », éd. Marty-Laveaux, Paris, Lemerre, t.I, 1881, p. VI.

16. Cf. RB., p. 7 et Comm., pp. 81-82. Cf. aussi G. GADOFFRE, *op. cit.*, pp. 9-10.

17. « Colletet... et, d'après lui, Ménage, *Observations sur les poésies de Malherbe*, se sont lourdement trompés en affirmant que Cassandre n'était 'qu'une simple fille', 'de très petite condition' » : Comm., p. 116. Les jugements de Colletet lorsqu'il est question de Cassandre, sont amplement cités par les biographes et les critiques de Ronsard. Voir, à titre d'exemple, *Choix de Poésies de P. de Ronsard*, précédé de sa vie... par A. NOËL (t. I, Paris, Firmin-Didot, 1893, p. 7) qui se sert abondamment dans son étude de la *Vie de Ronsard* de Colletet, même s'il ne cite celui-ci qu'à propos de Cassandre. Voir spécialement P. LAUMONIER, *La Cassandre de Ronsard,* « Revue de la Renaissance », oct. 1902, p. 73-115 ; J. MARTELLIÈRE: *Nouveaux renseignements sur Ronsart et Cassandre Salviati*, « Bull. de la Soc. archéol. du Vendômois », XLIII, 1904, pp. 51-57 ; idem, *Cassandre Salviati et la Cassandre de Ronsart*, ibidem, XLV, 1906, pp. 165-183 ; L. DE TOMBELAINE, *Le poète Ronsard et sa muse Cassandre Salviati*, « Revue d'Europe », mai 1909, pp. 48-57 ; R. SORG, *Cassandre ou le secret de Ronsard*, Paris, Payot, 1925 ; P. DE NOLHAC, *La vie amoureuse de Pierre de Ronsard*, Paris, Flammarion, 1926 ; F. DESONAY, *Ronsard poète de l'amour*, Bruxelles, Palais des Académies, t. I, *Cassandre*, 1952 : A. GENDRE, *Ronsard poète de la conquête amoureuse*, Neuchâtel, De la Baconnière, 1970.

18. « Elegie » cit. [À Belleau], vv. 83-86 ; OC, t. VI, p. 69.

19. OVIDE, *Tristia*, Lib. IV, eleg. 10, vv. 21-22. Citation libre.

20. Sur la maison de Colletet voir ici p. 27, note n° 51.

21. Sainte-Beuve rapporte une note de François Colletet qui décrit la maison de Lazare de Baïf : « Il me souvient, étant jeune enfant, d'avoir vu la maison de cet excellent homme que l'on montrait comme une marque précieuse de l'antiquité ; elle étoit située à l'endroit même où l'on a depuis bâti la maison des religieuses angloises de l'ordre de Saint Augustin, & sous chaque fenêtre de la chambre on lisoit de belles inscriptions grecques en gros caractères, tirées du poëte Anacreon, de Pindare, d'Homère & de plusieurs autres, qui attiroient agréablement les yeux des doctes passants ». *Tableau historique et critique de la poésie française*, publié par Troubat, Paris, Lemerre, 1876, t. II, p. 261. Cf. aussi Ch. MARTY-LAVEAUX, *Notice biogra-*

phique sur Jean Antoine de Baïf, Paris, Lemerre, 1890, p. XXX. L. Becq de Fouquières dans *Jean-Antoine de Baïf, Sa vie et ses œuvres* (en tête de *Poësies choisies de J.-A. de Baïf*, Paris, Charpentier, 1874) écrit aux pp. XXIV-XXV : « C'est là que régulièrement s'assemblaient chaque dimanche toute une compagnie de doctes et beaux esprits. Charles IX avait favorisé la création de cette académie, Henri III lui continua sa protection ». Ce dernier auteur rapporte aussi les fragments de Colletet sur Baïf cités par Sainte-Beuve. Parmi eux celui relatif à Desportes où Colletet décrit les « feuilles du livre manuscrit de l'institution de cette noble et fameuse académie » : *Ibidem*, pp. XXV-XXVI. A la p. XXIII, note n° 2, Becq de Fouquières fait l'histoire de cette maison, laquelle, après Baïf, appartint aux dames Augustines anglaises (23-25, rue des Fossés-Saint-Victor, aujourd'hui Cardinal Lemoine) et c'est chez elles, précisément, que George Sand fut pensionnaire. A la page XXIV, le même auteur cite le passage transcrit au début de cette note.

22. Voir ci-après, fragments publiés par Rochambeau : *Jean Antoine de Baïf*, et notes relatives (pp. 109-112).

23. « C'est pourquoi Mr. Colletet qui l'a voulu faire passer d'ailleurs pour un des plus savans hommes de son siècle, a eu raison de dire qu'il n'étoit Poéte François que par étude et par contrainte, que ses Sonnets entre les autres Pièces sont extrémement durs et fort raboteux, & qu'il a fort mal rencontré dans le choix d'une Orthographe aussi bizarre qu'est la sienne, & d'une espèce de caractère dont la nouveauté a paru ridicule » : Adrien BAILLET, *Jugemens des savans...*, Amsterdam, Aux Depens de la Compagnie, 1725, p. 124, n° 1342, *A-de Baïf*.

24. Cf. RB., p. 12 et Comm., pp. 98-99.

25. « Elegie » cit. [À Belleau], vv. 89-91 ; OC, t. VI, p. 70.

26. Cf. RB., p. 12 et Comm., pp. 99-100.

27. G. CRITTON, *Laud. fun.*, cit., pp. 5-6 ; cf. Comm., pp. 99-100 ; OC, t. XVIII[2], p. 256. H. CHAMARD, *op. cit.*, t. I, ch. II, p. 106 avec notes n° 1 et n° 2.

28. Citation non identifiée.

29. Cf. P. LAUMONIER, *Ronsard poète lyrique*, Paris, Hachette, 1909, p. 125 et Comm., p. 107, où il rapporte un long fragment de l'éloge funèbre de Critton en signalant un développement analogue « sur l'enrichissement de la langue et de la poésie française par Ronsard » dans Du Perron et Velliard. La « page éloquente » de Critton « a passé tout entière » dans Colletet.

30. *Response aux injures*, 1563, vv. 1017-1026 ; OC, t. XI, pp. 167-168.

31. Cf. RB., p. 12 et Comm., p. 102.

32. Cf. P. Blanchemain (*Etude sur la Vie de Ronsard*, cit., p. 23) à propos d'un sonnet qui ferait penser à une rivalité entre Ronsard et Saint-Gelais « pas moins ... en amour qu'en poésie ». Cf. Comm., p. 138, qui ne soutient pas cette opinion de Blanchemain pas plus que celle de Colletet. Sur la querelle Ronsard/Saint-Gelais voir RB., pp. 20-21 et Comm., pp. 133-143.

33. Pour Colletet «l'original» est Claude Binet qu'il cite et paraphrase fréquemment.

34. *Le Tombeau de Marguerite de Valois*, 1551, «Hymne triumphal sur le trepas de Marguerite de Valois», vv. 475-480; OC, t. III, pp. 77-78.

35. Erreur de Colletet. Binet écrit «Dame de Savoye»: RB, p. 20 et Comm., p. 133.

36. *Les Elegies*, «Elegia nomine Ronsardi», vv. 1-2. OC, t. XVIII[1], p. 257. Cette élégie fut publiée pour la première fois dans l'éd. posthume de Ronsard (1587), au t. VI, à la suite des *Elegies*, où elle a toujours été conservée. Cf. RB, p. 20, Comm., pp. 133; cf. aussi OC, t. III, p. 118, note n° 1.

37. «Épistola commendatrix» adressée par Michel de l'Hospital à Charles, cardinal de Lorraine, en faveur de Ronsard et qui accompagnait l'*Hymne de Charles Cardinal de Lorraine*, composé en 1558. Cf. Comm., pp. 133-134. «Colletet, interprétant mal Binet, a faussement rattaché cette *Épistola* à la querelle Saint-Gelais/Ronsard. Marty-Laveaux a commis la même erreur, et encore une autre en citant à propos de cette querelle des vers qui n'ont aucun rapport avec elle, extraits d'une Épître de Ronsard au Cardinal de Lorraine, publiée parmi les *Hymnes* de 1556»: *Ibidem*, p. 134. Cf. Ch. MARTY-LAVEAUX, *op. cit.*, p. XXXIII.
Les Hymnes, 1560; OC, t. X, p. 374 et note n° 1. Cf. éd. Blanchemain, cit., t. V, p. 81, vv. 6-8.

38. PLINE LE JEUNE, *Epist.*, Lib. IX, n° 22, 2. Citation libre de Colletet. L'éd. de M. Schuster (Lipsiae in aedibus B.G. Teubneri, 1952, p. 290) porte: «omnia denique tamquam singula absolvit».

39. Sur le sens de cette palinodie et le rôle qu'y joua Michel de l'Hospital pour la réconciliation de Ronsard et Saint-Gelais, cf. Comm., pp. 134-139.

40. *Les Amours*, 1553, «[Odes] A Melin de Saint Gelais», vv. 1-2; OC, t. V, p. 165.

41. Cf. RB, p. 22 et Comm., pp. 145-146.

42. RB, pp. 22-23; Comm., pp. 147-149.

43. Cf. Comm., p. 175.

44. Cf. RB, p. 29; Comm., pp. 177-178.

45. Cf. RB, pp. 26-27 et Comm., pp. 165-166.

46. MARTIAL, *Epigr.*, Lib VIII, n° 56, v. 5.

47. Cf. RB., p. 23 et Comm., p. 151.

48. Sur ces lettres et bulles de Pie V, voir RB., et Comm., p. 152.

49. Cf. RB., p. 24 et Comm., pp. 152-154.

50. G. CRITTON, *Laud. fun.*, cit., p. 7.

51. «Le seul exemplaire connu de l'édition *princeps* du recueil de musique polyphonique préfacée par Ronsard est à Berlin. Colletet en signale un dans sa *Vie de Ronsard*, pp. 47 et 48»: P. LAUMONIER, *Ronsard poète lyrique*, cit., p. 88, note n° 4.

52. Cf. RB, pp. 49-50 et Comm., p. 236. Voir, plus loin, *J.-A. de Baïf*, pp. 109-112

53. Blanchemain dit en note que Colletet avait d'abord écrit « blondoyants ».

54. Colletet dessine, «en poète», un portrait de Ronsard, à la fois moral, intellectuel et physique, qui correspond parfaitement à l'idéal de l'homme de la Renaissance. Dans sa *Notice sur Pierre de Ronsard*, (cit.), Marty-Laveaux insiste sur cette conception ronsardienne «d'une vie à la fois élégante, religieuse et littéraire» (p. LXII) : «Une chose frappe dans cette vie équilibrée, où la piété, le travail, le repos, la fantaisie, la gymnastique, la galanterie même, ont une place si bien ménagée qu'aucune occupation ne vient empiéter sur l'autre, c'est que cet ennemi prétendu de Rabelais a pratiqué précisément le genre de vie souhaité par Ponocrate pour Gargantua, et réalisé par les heureux habitants de l'abbaye de Thélème» (p. LXIII).

55. Cf. RB., p. 35 et Comm., pp. 186-187.

56. «En blanc dans le manuscrit» selon Blanchemain.

57. Plusieurs études sur Ronsard citent ces lettres à Galland que Colletet possédait. Cf. P. BLANCHEMAIN, *Étude sur la Vie de Ronsard*, cit., pp. 41-44 ; P. DE NOLHAC, *Ronsard et l'humanisme*, Paris, Champion, 1921, pp. 238-239 ; H. CHAMARD, *op. cit.*, t. III, pp. 397-400 ; I. SILVER, *The intellectual evolution of Ronsard*, t. II : *Ronsard's general theory of poetry*, Saint-Louis, Washington University, 1973, pp. 291-292.

Laumonier insère ces résumés de Colletet relatifs aux lettres de Ronsard à Galland, dans *Lettres*, OC, t. XVIII[2], pp. 501-504. Cf. aussi notes relatives.

58. VIRGILE, *Aeneis*, Lib. IV, vv. 651 et 653. Encore une citation latine libre.

59. Sur les rapports entre Ronsard et Galland, voir *Intr.* à RB., pp. XIX-XXI, RB., pp. 29-30, Comm., pp. 175-177.

60. Cf. RB., p. 30. «Nous avons là un résumé très précieux d'une lettre de Ronsard à Galland, que celui-ci a certainement communiquée à Binet [...]. Cette lettre est l'une de celles dont l'original était 'tombé entre les mains' de G. Colletet. Or celui-ci l'a résumée de son côté en y conservant la citation latine qu'il n'a pu prendre que dans l'autographe de Ronsard, puisque des trois rédactions de Binet il n'a consulté que la troisième, d'où la citation est absente» : Comm., p. 178.

61. Sur cette maison, voir p. 27, note n° 51.

62. *Epigrammes du sieur Colletet avec un discours de l'épigramme*, Paris, L. Chamhoudry, 1653, p. 471. Dans cette éd. le dernier tercet est le suivant :

Desir ambitieux d'une gloire infinie !
Je trouve bien icy mes pas avec les siens,
Mais non pas dans mes vers sa force, et son génie.

63. Cf. RB., p. 19 ; Comm., p. 128, qui explique : «Le Commentaire de Muret parut dans la seconde édition des *Amours* en mai 1953. Il fut repro-

duit dans toutes les éd. suivantes, mais avec des additions qui ne sont pas et ne peuvent pas être de Muret, quoiqu'elles aient été imprimées sous son nom ».

64. *Les Amours*, 1552; OC, t. IV, p. 2.

65. *Ibidem*, p. 3.

66. Cf. P. BLANCHEMAIN, *éd. cit.*, t. VIII : *Le Tombeau*, p. 291 et *Étude sur la Vie de Ronsard*, p. 59, note n° 2.

67. Cf. R. LEBÈGUE, *Un volume de vers italiens annoté par Ronsard*, « Bulletin du Bibliophile », 1951, pp. 273-280.

68. Voir note n° 50 de l'introduction, p. 27.

69. « En blanc dans le manuscrit » selon Blanchemain (p. 59).

70. Il s'agit encore de Claude du Verdier, fils d'Antoine. Le passage avec les deux citations latines, se trouve aux pp. 64-65 de son *In auctores pene omnes, antiquos potissimum censio...*, cit.

71. *Les Amours*, 1553, « Sonet de M. DE S.G. en faveur de P. de Ronsard », vv. 1-4; OC, t. V, p. 99.

72. Voir, plus haut, note n° 32.

73. Colletet, selon Laumonier (Comm., p. 131), a mal interprété la phrase de Binet à ce propos, mettant Cassandre au lieu de Marie. Cf. RB, p. 19.

74. Voir note n° 17, p. 94. Cf. OC, t. XVIII², p. 527, note n° 1.

75. HORACE, *Carm.*, Lib. II, 4, vv. 3-4.

76. PROPERCE, *Elegia*, Lib. I, 5, v. 24.

77. *Continuation des amours*, 1555, XVII, v. 1; OC, t. VII, p. 134.

78. R.B., p. 19, Comm., pp. 129-131. Cf. F. DESONAY, *op. cit.*, II, 1954, *De Marie à Genèvre*; R. GARAPON, *Ronsard chantre de Marie et d'Hélène*, Paris, CDU-SEDES, 1981.

79. *Continuation des amours*, 1555, I, vv. 1-2; OC, t. VII, p. 115.

80. Expression copiée de Binet (Cf. RB., p. 19, éd. 1597) et contestée par Laumonier, *Ronsard poète lyrique*, cit., pp. 153 et suiv., pp. 534-549; Comm., p. 131. Voir aussi M. MORRISON, *Ronsard and Catullus: the influence of the teaching of Marc-Antoine de Muret*, « Bibliothèque d'Humanisme et Renaissance », 1956, pp. 240-274; idem, *Catullus and the poetry of the Renaissance in France*, ibidem, 1963, pp. 25-26.

81. Colletet était né le 12 mars 1598. A s'en tenir à cette indication, il écrivit ces lignes, et peut-être l'entière *Vie de Ronsard*, au mois de mars 1648. D'après Laumonier (*Ronsard poète lyrique*, cit., p. 271, note n° 3) « Cette biographie fut écrite vers 1640 ».

82. *Le second livre des Amours*, 1560, « Le Voiage de Tours », vv. 1-4; OC, t. X, p. 214.

83. *Les Amours*, 2e livre, 1587, « Elegie à Marie », vv. 1-2; OC, t. X, p. 238.

84. *Nouvelles poésies*, 2e livre, 1564, « Chanson en faveur de Mademoiselle de Limeuil », v. 1; OC, t. XII, p. 163.

85. *Nouvelle Continuation des Amours*, 1556, «Elegie», v. 1 ; OC, t. VII, p. 234.

86. Ce terme se retrouve souvent dans les différentes *Vies des poëtes françois*, de Colletet. Pour Ronsard il avait été déjà utilisé dans l'*Oraison funèbre* de Du Perron (cit., pp. 48-49) : «... aujourd'huy lon en tient eschole jusques aux parties de l'Europe les plus esloignées, jusques en la Moravie, jusques en la Poloigne, et jusques à Dansik, là où les œuvres de Ronsard se lisent publiquement». Laumonier fait un ample commentaire de la fortune de Ronsard en Europe. Cf. Comm., pp. 208-210. Colletet reprend plus tard cette idée en parlant de l'admiration de toutes les nations du monde pour Ronsard (pp. 78-79).

87. *Second livre des meslanges*, 1559 ; OC, t. X, pp. 122-123.

88. «Le Commentaire de Belleau, relatif à la première partie du 2e livre des *Amours*, parut dans la première édition collective (1560) ... Ce commentaire fut reproduit dans toutes les éditions suivantes, mais à partir de 1578, avec des additions et des variantes contradictoires qui ne peuvent pas être de Belleau» : Comm., p. 128.

89. «La deuxième partie du 2e livre des *Amours*, celle qui est relative à la mort de Marie, a été commentée par Nicolas Richelet. Ce Commentaire, composé dès 1592 (d'après la dédicace), parut dans l'édition de 1597 ; il est donc étonnant que Binet n'en ait pas parlé dans sa troisième rédaction, d'autant plus qu'ils ont été en relations, nous le savons par Richelet lui-même» : *Ibidem*.

90. *Les Amours*, 1578, «Elegie sur la mort de Marie», vv. 1-2 ; OC, t. XVII², p. 134.

91. Cf. RB., p. 25, Comm. pp. 161-162.

92. «D'après Binet, Ronsard aurait également écrit, en faveur de quelque prince ou seigneur [peut-être Charles IX lui-même] les *Sonets et Madrigals pour Astrée* qui parurent aussi en 1578. Mais le premier de ces sonnets et certains vers des autres me font croire plutôt, avec Marcassus et Colletet, qu'il les écrivit pour son propre compte, ayant 'servi trois mois d'un desir volontaire' Françoise Babou, dame d'Estrées. C'est la mère de la fameuse Gabrielle» : P. LAUMONIER, *Ronsard poète lyrique*, cit. p. 256, note n° 1. Cf. Comm., pp. 162-163.

93. *Sonets et madrigals pour Astrée*, 1578, XVII, «Elegie du Printemps à la Sœur d'Astrée», vv. 1-4 ; OC, t. XVII², p. 191.

94. *Le second livre des Sonets pour Hélène*, 1578, VI : «Anagramme», v. 14 ; OC, t. XVII², p. 252.

95. Sur les rapports entre Hélène de Surgères et Ronsard, voir : P. DE NOLHAC, *Le dernier amour de P. de Ronsard, Hélène de Surgères*, «Nouvelle Revue», 15 sept. 1882. Tirage à part, Paris, Charavay, 1882 ; P. LAUMONIER, *Ronsard poète lyrique*, cit., pp. 256-257, et *Introduction* à RB., p. XXXVI. Cf. aussi F. DESONAY, *op. cit.*, III, 1959 : *Du poète de cour au chantre d'Hélène* ; R. GARAPON, *op. cit.*, p. 55-165.

96. Cf. Comm., p. 163, p. 166, où Laumonier cite aussi ce passage de Colletet, et p. 167.

97. Cf. RB., p. 26 et Comm., p. 164.

98. *Le second livre des Sonets pour Hélène*, 1578, LI, «Stances de la Fontaine d'Hélène», v. 1; OC. t. XVII², p. 286.

99. *Le second livre des Sonets pour Hélène*, 1584, «Elegie» (Première pièce nouvelle de l'éd. collective de cette année), vv. 1-2; OC, t. XVIII¹, p. 33.

100. *Pièces diverses attribuées à Ronsard*, «En faveur de Cléonice», [1600], Sonnet; OC, XVIII², p. 351, vv. 1-2; cf. *ibidem*, note n° 1, pp. 351-352.

101. *Le premier livre des Sonets pour Hélène*, 1578, I, vv. 1-2; OC, t. XVII², p. 194.

102. *Ibidem*, XVIII, vv. 1-2; OC, t. XVII², p. 210.

103. *Ibidem*, Livre II, vv. 1-2; OC, t. XVII², p. 255.

104. *Ibidem*, LII, vv. 1-2; OC, t. XVII², p. 292. Colletet cite l'éd. 1587 qui porte *Grecque* au lieu d'*Hélène*.

105. Laumonier dans son *Ronsard poète lyrique*, cit., Introduction, p. XXXI (IV) écrit: «Le poète des *Odes* n'a inventé, à proprement parler, ni le mot ni la chose. Quoi qu'il en ait dit dans sa préface, et quoi qu'en aient dit après lui, G. des Autels, J. Peletier, G. Colletet, Ménage, P. Blanchemain et d'autres, le mot *ode* a été introduit dans la langue française pour désigner un chant lyrique bien avant qu'apparaisse ainsi dénommée la première pièce de Ronsard dans le recueil des *Œuvres poétiques* de Peletier, à la fin de 1547».

106. Colletet reprend encore une fois cette fausse interprétation de Binet. Cf. *ibidem*, p. 37, note n° 2. Cf. aussi RB., p. 14 et Comm., pp. 109-110.

107. *Odes et Bocages de 1550*, Livre III, ode XXI, «Complainte de Glauce & Scylle Nimphe», v. 1; OC, t. II, p. 57.

108. [*Premières poésies*], 1547-1549, «Ode à Jacques Peletier», vv. 1-3. OC, t. I, p. 3.

109. *Les quatre premiers livres des odes*, 1550, Livre II, Ode II, «A Caliope», vv. 35-37; OC, t. I, p. 176.

110. *Le cinqiesme Livre des Odes*, 1553, «Elegie a Jean de la Peruse», vv. 13-15; OC, t. V, p. 260.

111. Cf., *ibidem*, p. 110-111; OC, t. I, p. 268.

112. Cf., plus loin, notes n° 147 et 148.

113. P. Blanchemain cite ce passage dans son *Étude sur la Vie de Ronsard*, cit., pp. 51-52. Cf. aussi P. LAUMONIER, *Ronsard poète lyrique*, cit., p. 88.

114. Laumonier reprend cette identification de Colletet: *ibidem*, p. 66, note n° 4.

115. Cf. RB., p. 25; Comm., p. 158 (où Laumonier cite ce passage de

Colletet pour «corroborer» l'affirmation de Binet) et p. 205. Binet écrit «quatorze livres» au lieu des «douze» de Colletet.

116. Colletet reprend de Binet la fin de cette épigramme: cf. RB, p. 41.

117. J. DE LA JESSÉE, *La Grasinde*, Paris, Galliot Corrozet, 1578: «Remonstrance a Pierre de Ronsard»; les deux citations se trouvent f. 27 v°. La première avec des variantes.

118. P. MASSON, *Elogiorum pars secunda*, Paris, S. Huré — F. Leonard, 1656: «Petri Ronsardi Elogium», p. 285.

119. *Les Œuvres*, 1560, *Amours*, Livre II, LXCIV, v. 1; OC, t. X, p. 235.

120. *Ibidem*, éd. 67-87. Cf. Comm., pp. 216-218.

121. Cf. RB., p. 24, Comm., pp. 152-153 et p. 217. Ces lignes de Colletet à propos de Grévin sont le plus fréquemment analysées par les études sur Ronsard. Voir entre autres: Ch. MARTY-LAVEAUX, *Notice biographique sur P. de Ronsard*, cit., pp. LVIII et LXXXIX; Ad. VAN BEVER, éd. *Livret de Folastries, Notice* cit., p. 33; P. LAUMONIER, *Ronsard poète lyrique*, cit., pp. 240-241; P. CHAMPION, *Ronsard et son temps*, Paris, Champion, 1925, pp. 184-185; A. BERRY, *Ronsard*, Paris, Flammarion, 1961, p. 173.

122. Cf. RB., p. 38, Comm., pp. 195-196.

123. *Nouvelles poésies*, Livre III, «Elegie», vv. 1-4, éd. 78-87; OC, t. XII, p. 257.

124. *Ibidem*, «Discours amoureux de Genevre», vv. 1-4; OC, t. XII, pp. 256-257.

125. Colletet reprend d'Estienne Pasquier (*Recherches de la France*, cit., l. VII, ch. VI, *in fine*) cette expression. Elle est rapportée fréquemment dans les études sur Ronsard. P. Blanchemain dans son *Avertissement* (*Œuvres complètes de P. de Ronsard*, cit.) cite à ce propos Binet et surtout Colletet (pp. IX-XI). Laumonier s'oppose à Blanchemain qui a suivi les indications de Colletet ainsi qu'à Sainte-Beuve qui les a reprises, dans ses jugements sur Ronsard correcteur de lui-même (*Ronsard poète lyrique*, cit., pp. 271-272), tout en signalant leurs erreurs (*ibidem*, pp. 273-274). Cf. aussi RB., pp. 45-46, Comm., p. 230; H. CHAMARD, *op. cit.*, t. I, p. 13; I. SILVER, *Deux points de vue sur Ronsard* «*Aristarque de ses œuvres*», «Revue d'Histoire littéraire de la France», 1958, pp. 1-15; idem, *The intellectual evolution of Ronsard*, cit., t. II, pp. 199-284; L. TERREAUX, *Ronsard correcteur de ses œuvres*, Genève, Droz, 1968.

126. C'est encore un sujet à propos duquel Colletet est le plus souvent cité dans les études sur Ronsard. Elles se répètent à ce propos l'une l'autre. Voir, à titre d'exemple: P. BLANCHEMAIN, *Étude sur la Vie de Ronsard*, cit., p. 28; Ad. VAN BEVER, *Intr. cit.*, p. 25; H. LONGNON, *Pierre de Ronsard, Essai de biographie...*, Paris, Champion, 1912, pp. 462-463; H. CHAMARD, *op. cit.*, t. III, p. 33; A. GENDRE, *op. cit.*, p. 101.

127. Cf. H. CHAMARD, *op. cit.*, t. II, p. 206.

128. *La polémique protestante contre Ronsard*, éd. des textes par J. Pineaux, «Soc. des textes franç. mod.», t. II, Paris, Didier, 1973, p. 367 (avec des variantes par rapport à ce texte de Colletet).

129. Cf. H. FRANCHET, *Le poète et son œuvre d'après Ronsard*, Paris, Champion, 1923, pp. 96-100. Ici cet auteur cite souvent Colletet. Cf. aussi R.E. HALLMARK, *Ronsard et la légende d'Hercule*, dans *Lumières de la Pléiade*, Paris, Vrin, 1966, pp. 255-270; M.-R. JUNG, *Hercule dans la littérature française du XVIe siècle. De l'Hercule courtois à l'Hercule baroque*, Genève, Droz, 1966; C. FAISANT, '*L'Hercule chrestien' de Ronsard : Essai d'interprétation*, « Ann. de la Fac. des Lettres et Sciences hum. de Nice », 1967, pp. 61-85.

130. Citation libre d'après un passage de SÉNÈQUE (*De Beneficiis*, Lib. IV, cap. 8, 1).

131. N. RICHELET, *Commentaire* des *Sonnets pour Hélène* dans l'éd. des *Œuvres de Ronsard* de 1597; *Commentaire* des *Odes* dans l'éd. 1604.

132. *Le Cinqiesme Livre des Odes*, 1553, « Harangue que fit Monseigneur le duc de Guise [...] dédiée à [...] le cardinal de Lorraine », vv. 1-2; OC, t. V, p. 203. Colletet cite toujours d'après l'éd. 84-87.

133. OC, t. V, p. 203, v. 1.
Blanchemain écrit en note qu'il n'a jamais vu la pièce que Colletet indique ici (p. 94).

134. Cf. M. H. ILSLEY, *Marie de Gournay's Revision of Ronsard's 'Harangue du duc de Guise'*, « Publications of the Modern Language Association », LXVII (1952), p. 1052; idem, *A Daughter of the Renaissance : Marie le Jars de Gournay, her Life and Works*, The Hague, Mouton, 1963; A.R. KÄTZ, *op. cit.*, p. 63, note no 3. Cf. appendice, plus loin, pp. 155-156.

135. Laumonier dans son *Ronsard poète lyrique*, cit. (p. 100, note no 1) écrit : « Colletet est tout à fait affirmatif: pour lui Ronsard est bien l'auteur des *Dithyrambes* » et dans son Comm., (pp. 155-156) à propos du «poète dithyrambique» de Binet (p. 24) il ajoute : « Binet est le seul écrivain du XVIe siècle qui ait attribué ces *Dithyrambes* à Bertrand Berger, et c'est sur ce seul témoignage qu'on les lui attribue encore aujourd'hui. Chose notable, Colletet, qui d'ordinaire copie servilement Binet, les a attribués sans hésitation, et par deux fois à Ronsard. Je crois avoir démontré suffisamment que Colletet a raison contre Binet ». Comm., p. 156. Cf. *Vie de Muret*, fragment publié par Rochambeau (*op. cit.*, p. 234), ici à la p. 141. Voir aussi E. BALMAS, *Un poeta del rinascimento francese, Etienne Jodelle...*, Firenze, Olschki, 1962, pp. 314-320.

136. JUVÉNAL, *Satira* XI, v. 27.

137. PERSE, *Prologus*, v. 8.

138. *Le Tombeau de Marguerite de France, Duchesse de Savoie*, 1575, vv. 1-4; OC, t. XVII¹, p. 65.

139. Quant à Du Monin, voir RB., p. 40, Comm., p. 199 et le fragment, ici, plus loin, pp. 142-143 (Rochambeau).

140. J.C. SCALIGER, *Anacreontica*, « Ad Petrum Ronsardum », vv. 1-3 (*Poemata omnia...*, In Bibliopolio Commeliniano, 1600, p. 441); cf. RB (p. 42) qui transcrit la dédicace entière de Scaliger.

141. A. BODIUS, *Epistulae Heroides, et Hymni,* Anvers, [sans éditeur], 1592, p. 154. Cf. Comm., p. 209.

142. L. LE CARON, *La Poesie,* V. Sertenas, 1554, f. 52 (avec des variantes par rapport au texte de Colletet).

143. P. LE LOYER, *Les Œuvres et meslanges poetiques,* Paris, J. Poupy, 1579 : « Le Loir angevin », Idylie I, f. 58 v° (avec des variantes).

144. J. LE MASLE, *Les Nouvelles Recreations poetiques,* Paris, G. Bichon, 1586 : « De l'excellence des Poëtes, & de leur honneste liberté », f. 53 (avec des variantes).

145. J.-E. DU MONIN, *Le Phœnix,* Paris, G. Bichon, 1585, f. 58 v°.

146. Id., *Nouvelles Œuvres,* Paris, J. Parant, 1646 : « Discours philosophique et historial de la Poësie Philosophique », p. 66.

147. G. LEFÈVRE DE LA BODERIE, *La Galliade,* Paris, G. Chaudiere, 1578 : Cercle V, f. 124 v°.

148. Id., *L'Encyclie des secrets de l'Eternité,* Anvers, C. Plantin, 1570 : « Chant en forme d'Epistre dedicatoire », p. 25 (avec des variantes).

149. Cf. RB., p. 14 et Comm. (*Rose de Pindare* : pp. 110-111) qui cite cet anagramme de Guy Lefebvre de la Boderie.

150. Longue ode (« En faveur de la Galliade ») qui se trouve parmi les pièces liminaires de *La Galliade* (cit.). Les deux vers cités sont au début de la « Strophe 5 » (f. ê v°).

Colletet aussi écrit dans la *Vie de Nicolas Lefèvre de la Boderie* (Copie Aimé Martin, ff. 298-299 v°) que ce poète a écrit très peu de vers français, « sombres et ténébreux » par ailleurs, et qu'il les a publiés, çà et là dans les recueils de son frère Guy.

151. J. DU BELLAY, *Xenia seu Illustrium quorundam Nominum Allusiones,* Paris, F. Morel, 1569, f° 12 : « In Petri Ronsardi Anagrammatismum, σῶς ὁ τερπανδρος », vv. 1-4.

152. Il s'agit en réalité de François Tillier. Nous regroupons dans cette même note les corrections à deux autres erreurs qui suivent presque immédiatement dans le texte : Jean et non pas Nicolas Vauquelin de la Fresnaye ; Raoul Cailler et non pas Caillez.

153. G. SALLUSTE DU BARTAS, *La Seconde Sepmaine,* Rouen, R. Du Petit Val, 1608 : « Babylone », IIᵉ jour de la IIᵉ sepmaine, p. 485, vv. 661-664 (avec des variantes).

154. Laumonier transcrit ce sonnet : Comm., p. 194.

155. R. CAILLER, *Stances sur le trespas de P. de Ronsard,* vv. 1-4, dans P. BLANCHEMAIN, *éd. cit.,* t. VIII : *Le Tombeau,* p. 270.

156. Cf. P. BLANCHEMAIN, *Étude sur la Vie de P. de Ronsard,* cit., p. 54 et Ch. MARTY-LAVEAUX, *Notice biographique sur P. de Ronsard,* cit., p. CV, qui transcrivent cette traduction de Colletet de l'épitaphe de Ronsard.

157. G. CRITTON, *Laud. fun.,* cit. p. 14.

158. Voir ici, *Introduction*, p. 3.

159. Voir p. 3. Comm., pp. 199-200.

160. Sur Frénicle voir P.A. JANNINI, *Verso il tempo della ragione,* cit., pp. 87-91 ; H. LAFAY, *op. cit.*, p. 514-522.

161. Voir plus haut, *Introduction*, p. 11 et note n° 30.

162. Blanchemain écrit en note : « Colletet ne rapporte que ce seul vers de sa pièce, dans son manuscrit, et je l'ai vainement cherchée ailleurs ».

TROISIÈME PARTIE

APPENDICE

PIERRE DE RONSARD

« Ses juges et ses imitateurs »[1]

Fragments des *Vies des Poëtes françois* de Guillaume Colletet, extraits par Achille de Rochambeau.

HIÉROSME D'AVOST

Son livre, imprimé à Paris, in-8°, chez l'Angelier, l'an 1584, et intitulé : *Les Essais de Hiérosme d'Avost de Laval*, contient la version française de trente sonnets de Pétrarque, plus quelques poésies de sa façon adressées à des personnages du temps. Pour faire voir la supériorité de son style sur celui de Jacques Pelletier, Clément Marot, Estienne du Tronchet et Vasquin Philieul de Carpentras, qui avaient avant lui tra-

---

1. C'est le titre du cinquième chapitre de *La famille de Ronsart* (cit., pp. 191-263) d'Achille de Rochambeau. Les extraits sont tirés de la copie des *Vies des poëtes françois* de Guillaume Colletet (Cf. *Introduction*, pp. 8, 10, 11, 22) qui se trouvait à la Bibliothèque du Louvre.

A la suite de chaque fragment, nous laissons l'indication du tome et des feuillets signalée par Rochambeau lui-même. Celui-ci écrit au début de ce chapitre : « En présence des divers jugements, des amères critiques et de l'œuvre de réhabilitation dont Pierre de Ronsard a été l'objet, nous avons pensé qu'il serait intéressant de recueillir l'opinion des hommes qui, vivant du temps du poète et dans la même sphère, ont été à même de l'apprécier à sa juste valeur ».

Dans cet appendice, nous reproduirons scrupuleusement les textes de Colletet publiés par Rochambeau.

duit plusieurs sonnets de Pétrarque, il donne quelques-unes
de leurs traductions, afin que le lecteur puisse comparer. Il
avait le dessein de traduire tout Pétrarque, et on doit regretter
qu'il n'ait pas mis son projet à exécution ; car jusqu'à lui, sauf
les grands poètes du siècle précédent, Ronsard, du Bellay,
Belleau, Jamin, des Portes et quelques autres, qui n'ont eu
que le dessein de l'imiter, jamais personne n'avait su rendre
dans notre langue les beautés érotiques du poète italien.

(t. 1, f° 119)

LAZARE DE BAIF[2]

Le roi François 1er l'affectionnait beaucoup. Voulant lui
donner un témoignage éclatant de son estime, il l'envoya en
ambassade à Venise (1532), et Baïf y soutint très-haut la
gloire du nom français, de son roi et des belles-lettres dont il
se proclamoit hautement le protecteur. L'heureuse issue de
cette première mission fut si agréable au roi, qu'il l'envoya
depuis à Spire, ville impériale d'Allemagne où devoit se tenir
une diète. C'est dans ce voyage que Pierre de Ronsard, qui
étoit alors fort jeune, et Charles Étienne, célèbre médecin,
l'accompagnèrent. Claude Binet le raconte dans sa Vie de
Ronsart et Jean Antoine de Baïf le dit dans ces vers embarras-
sés :

En l'an que l'empereur Charles fit son entrée
Dans le sein de Paris ; l'année désastrée
Que Budé trespassa ; mon père qui alors
Alloit ambassadeur pour vostre ayeul, dehors
Du royaume en Almagne, et menoit au voyage
Charle Étienne, et Ronsard qui sortoit hors de page
Estienne médecin qui bien scavant estoit
Ronsard de qui la fleur un beau fruit promettoit.

(t. 1, f° 134)

---

2. Copie Aimé Martin (Bibl. Nat. de Paris, Mss. *Nouv. Acq. Franç.*
n° 3073), ff. 39-40 v°.

JEAN ANTOINE DE BAIF[3]

. . . .

.... Avant que Baïf éteignit entièrement ses feux pour Francine, et qu'il l'abandonnast tout-à-fait, en estant abandonné, j'apprends d'un excellent poème de Ronsard, intitulé *Le Voyage de Tours*, que Baïf et luy s'en allèrent encore la visiter à la campagne et que ce grand poète prend plaisir d'exprimer dans ce poème où il les introduit soubs les noms de Thoinet et Francine qui se découvrent l'un à l'autre leur affection mutuelle. C'est à mon advis une des plus belles et des plus naïfves pièces de Ronsard en ce genre.

. . . .

Certes il paroist assez par ce que j'ay dit de son esprit, qu'il avoit une grande inclination à la poésie, mais j'adjouterois volontiers que ce fut plutost à la poésie grecque et latine qu'à la poésie françoise, puisqu'il fit et qu'il pouvoit faire encore de ces vers grecs et latins comparables à ceux de l'antiquité, et non pas des françois où il réüssissoit le moins, et qu'il

---

3. Blanchemain dans son édition de la *Vie de Ronsard* de Colletet insère un autre fragment de cette *Vie de Jean Antoine de Baïf* (pp. 31-32, note nº 2) :

« Ce qui servit encore beaucoup à le faire estudier avec plus d'assiduité et de courage, ce fut la noble et louable emulation qui se rencontra des lors entre luy et Ronsard, qui, à son retour d'Allemagne, charmé qu'il fut de l'attrait des bonnes lettres, s'estoit aussy, pour les apprendre mieux, rangé sous la docte discipline du mesme Jean Daurat, premierement en la maison de Lazare de Baïf, et puis au College de Coqueret, dont Daurat obtint en ce temps là mesme la Principalité. Mais oublirois-je icy de quelle sorte ces deux futurs ornements de la France s'adonnoient à l'estude ? Ronsard, ayant esté nourry jeune à la Cour et dans l'habitude de veiller tard, demeuroit au cabinet sur ses livres jusques à deux ou trois heures apres minuit, et, en se couchant, il reveilloit le jeune Baïf, qui se levoit et ne laissoit pas refroidir la place.

Apres tant de doctes conferences que Ronsard eut avec Baïf, qui à toutes heures luy denouoit les plus fascheux commencements de la langue Grecque, comme Ronsard en echange lui apprenoit les delicatesses de la poésie Françoise, il ne faut s'estonner s'ils devinrent tous deux les plus sçavans hommes de leur siècle ».

n'entreprit jamais sans doute que par l'émulation et par
l'exemple de Ronsard, son amy et son compagnon d'estude.
A propos de quoy je diray que sur quelque faux rapport, il y
eut un jour du refroidissement entre eux, comme je le remarque par un sonnet du second livre des amours de Francine, où
l'autheur dit :

> Ronsard que les neuf sœurs et leur bande sçavante
> Suit comme son Phœbus, toûjours la mer Egée
> Mesme tu l'as chanté, ne tempeste enragée
> Toûjours de vents hideux l'air horrible ne vente,
> Mais le boüillant courroux de ton cœur ne s'allente.

Et le reste, où il dit en son style raboteux et forcé, que
l'on s'est chargé depuis que la cholère que Ronsard a conceüe
contre luy ne se change point, et en suitte il se purge nettement
de la calomnie que l'on luy imposoit d'avoir voullu trahir sa
gloire par le mépris de quelcun de ses ouvrages ; mais comme
le fondement de cette cholère ne fut pas trouvé véritable, cela
ne servit qu'à les faire aymer et honorer davantage l'un l'autre, et plusieurs lettres de Ronsard, postérieures à cette petite
querelle, sont tombées entre mes mains, où il fait paroître
aussy bien que dans ses autres ouvrages, la haute estime qu'il
faisoit effectivement de Baïf. En effet, pour n'être pas si parfait que luy dans notre poésie, il ne laissoit pas d'estre bon
amy, et d'avoir d'autres rares et excellentes quallitez du cœur
et de l'esprit qui le firent honorer de son siècle.

. . . .

L'an 1581, le roy donna à Ronsard et à Baïf la somme de
douze mille livres contant, somme fort considérable pour le
temps, et cela pour les vers qu'ils avoient composez[4].

---

4. Ce fragment transcrit par Sainte-Beuve (op. cit., t. II, pp. 255-256)
continue ainsi : « Le roi Henri III voulut qu'à son exemple toute sa cour
l'eût en vénération, & souvent même sa Majesté ne dédaignoit pas de l'honorer de ses visites en sa maison du faubourg Saint-Marcel, où il le trouvoit
toujours en la compagnie des Muses, & parmi les doux concerts des enfants

· ·

Estienne Pasquier, dans ses recherches de la France dit,
en parlant des vers alexandrins dont Marot nous avoit seullement donné quelques petits échantillons, que le premier des
nostres qui les remit en crédit et en vogue fut Baïf en ses
amours de Francine, en quoy il fut suivy par du Bellay en ses
regrets, et par Ronsard en ses hymnes.

· ·

Joachim du Bellay, dans sa Musagneomachie, le traitte
de grand esprit, ce qu'il continue encore dans un de ses divers
sonnets qu'il luy adresse :

> Du grand Baïf qui la France décore
> L'esprit jadis comblé de tout le mieux,
> Qu'en leur thresor reserverent les dieux
> En toy Baïf est retourné encore.
> Ton vers françois que le François adore
> Suit de Ronsard le vol audacieux
> Et ton vers grec l'or le plus précieux
> De ton Dorat qui son siècle redore.
> Mais si un jour par l'esprit de ta voix
> Tu donnes l'âme au théâtre françois

---

de la musique qu'il aimoit, & qu'il entendoit à merveille. Et comme ce
prince libéral & magnifique lui donnoit de bons gages, il lui octroya encore
de temps en temps quelques offices de nouvelle création & de *certaines
confiscations* qui procuroient à Baïf le moyen d'entretenir aux études quelques gens de lettres, de régaler chez lui tous les savants de son siècle & de
tenir bonne table. Dans cette faveur insigne, celui-ci s'avisa d'établir en sa
maison une Académie de bons poëtes & des meilleurs esprits d'alors, avec
lesquels il en dressa les loix, qui furent approuvées du roi jusques au point
qu'il en voulut être & obliger ses principaux favoris d'en augmenter le nombre. J'en ai vu autrefois l'Institution écrite sur un beau vélin signé de la main
propre du Roi Henri III, de Catherine de Médicis sa mère, du duc de
Joyeuse, & de quelques autres, qui tous s'obligeoient par le même acte de
donner une certaine pension annuelle pour l'entretien de cette fameuse
Académie ». Ce passage est rapporté, d'après Sainte-Beuve, par Becq de
Fouquières (*op. cit.*, pp. XXIII-XXIV) et Marty-Laveaux (*op. cit.*,
p. LXII-LXIII).

Jusques icy toujours demeure vuide.
Assure toy que je t'ay mal gouté
Ou tu seras du françois escoutté
Comme du grec fut jadis Euripide[5].

(t. 1, f° 140

---

5. Sainte-Beuve (*op. cit.*, t. I, p. 143, note n° 2) cite encore ce passage
de Colletet : «[les discours philosophiques d'Amadis Jamin], selon toute
apparence, furent prononcés en présence du roi Henri III dans l'Académie
de Jean-Antoine de Baïf, établie dans le voisinage du faubourg Saint
Marcel. Car je sais par tradition qu'Amadis Jamyn étoit de cette célèbre
compagnie, de laquelle étoient aussi Guy de Pibrac, Pierre de Ronsard
Philippe Des Portes, Jacques Davy Du Perron & plusieurs autres excel
lents esprits du siècle. A propos de quoi je dirai que j'ai vu autrefois quel
ques feuilles du livre manuscrit de l'Institution de cette noble & fameuse
Académie entre les mains de Guillaume de Baïf, fils d'Antoine de Baïf, qui
les avoit retirées de la boutique d'un pâtissier, où le fils naturel de Philipp
Des Portes, qui ne suivoit pas les glorieuses traces de son père, les avoit ven
dues avec plusieurs autres livres manuscrits doctes & curieux ; perte irrépa
rable & qui me fut sensible au dernier point, & ce d'autant plus que, dans l
livre de cette Institution, qui étoit un beau vélin, on voyoit ce que le ro
Henri III, ce que le duc de Joyeuse, ce que le duc de Retz & la plupart des
seigneurs & des dames de la cour, avoient promis de donner pour l'établis
sement & pour l'entretien de l'Académie, qui prit fin avec le roi Henri III &
dans les troubles & les confusions des guerres civiles du royaume. Le roi, les
princes, les seigneurs & tous les savants qui composoient ce célèbre corps
avoient sous signé dans ce livre, qui n'étoit après tout que le premier plan d
cette noble Institution, & qui promettoit des choses merveilleuses, soit pou
les sciences, soit pour notre langue. Veuille le bonheur de la France que
cette Académie françoise qui fleurit à présent, & de laquelle j'ai l'honneu
d'être, répare le défaut de l'autre, & que l'on recueille de cette noble compa
gnie les fruits que l'on se promettoit de celle du dernier siècle !... ». Ce pas
sage est transcrit aussi par Becq de Fouquières (*op. cit.*, pp. XXV-XXVI
par Marty-Laveaux (*op. cit.*, pp. LXI-LXII) et dans le catalogue de l'Expo
sition (Bibliothèque Nationale de Paris : 9 janvier-9 février 1925) « Ronsar
et son temps », pp. 63-64.

GUILLAUME DE SALUSTE DU BARTAS[6]

Pierre de Ronsard jouissoit paisiblement et sans trouble de la haute et unique principauté de notre Parnasse françois, lorsque du Bartas vint à paroître au monde. Mais le mérite des ouvrages de cet excellent homme, la noble matière qu'il traittoit et la sublimité de ses raisonnements et de ses pensées commencèrent si bien à partager les esprits des doctes, que tandis que les uns demeuroient toujours fermes dans leur premier respect envers Ronsard, les autres se révoltèrent contre luy, et proclamèrent hautement du Bartas le prince des Poëtes françois; et pour fortifier d'autant plus ce nouveau party, ceux de la relligion prétendue réformée, du nombre desquels il etoit, prirent comme à tasche de lire, de traduire et de commenter ses ouvrages et de les faire réimprimer à l'envy par toutes les villes de France et d'Allemagne où ils estoient les maistres. De là vient que nous n'avons peut-estre point de livres en nostre langue plus connus, ny plus fameux que les siens; s'ils sont préférables à ceux de Ronsard, du moins quant au caractère de la vraye poésie, car quant à la dignité de leur sujet je n'en parle point, je m'en rapporte à ceux qui ont une exacte connoissance des secrets de cet art, et qui sçavent distinguer le style du vray poëte d'avec celluy du poëte historien. Je diray seullement qu'il semble que du Bartas n'eut pas si bien connu la force et la beauté de nostre langue si Ronsard auparavant ne l'eut cultivée, qu'il fut peut-estre plus heureux que luy au choix de ses matières, et qu'il fit en docte historien ce que sans doute Ronsard eut mieux fait en noble poëte. Les sujets sérieux que Ronsard a traittez avec tout l'air de l'ancienne et brillante poésie, me semblent des preuves assez claires de cette vérité, et quiconque voudra considérer de près son fragment du poëme de la Loy, qu'il fit après avoir veu la

6. Vie publiée par Tamizey de Larroque dans *Vies des poètes gascons*, cit., pp. 71-93. Nous en signalerons ici les variantes (TL) par rapport à l'édition de Rochambeau, sans considérer les différences d'orthographe et de ponctuation. Le même procédé sera suivi à propos des variantes d'autres fragments publiés dans l'appendice.

première semaine de celluy dont j'escris la vie[7], jugera bien
par cet essay que son vaste esprit ne trouvoit rien d'impossible, ni rien mesme[8] de difficile dans ses belles productions spi-
rituelles[9]. Du Bartas luy-même en demeura[10] d'accord, et le
témoigna bien hautement[11], lorsque ravy des œuvres de Ronsard il ne put s'empescher, dans le second jour de la[12] seconde
semaine, d'en parler ainsi[13] :

> L'autre est ce grand Ronsard qui pour orner la France
> Du grec et du latin dépouille l'éloquence[14]
> Et d'un esprit hardy manie heureusement
> Toute sorte de vers, de style et d'argument.

Je sçay bien qu'il y en a qui se sont persuadez que du Bartas avoit plus fait en une semaine que Ronsard en toute sa vie,
et qui attribuent encore ce bon mot au mesme Ronsart. Mais
je sais bien aussy que Ronsard[15], de son vivant, démentit ceux
qui faisoient courir ce bruit si contraire à sa réputation, aussy
bien qu'à sa créance ; et pour ce que le sonnet qu'il composa
sur ce sujet est tombé entre mes mains, écrit de la main propre
de Ronsard, et que je ne croy pas qu'il se trouve ailleurs, si ce
n'est peut-estre dans la dernière édition de ses œuvres, je ne
feroy point de difficulté de le rapporter ici pour le contentement des curieux[16] ; c'est donc ainsy qu'il parle à Jean Dorat
son maistre :

> Ils ont menti Dorat, ceux qui le veullent dire

---

7. TL de *Du Bartas*
8. TL *mesme rien*
9. TL dans *les belles lettres*
10. TL en demeura *bien* d'accord
11. TL bien hautement, *en quelque sorte,*
12. TL de *sa* Seconde Sepmaine
13. TL *de la sorte*
14. TL *Le grec et le latin despouille d'éloquence*
15. TL *luy mesme* de son vivant
16. Cf. TL, p. 73, note n° 1.

Que Ronsard, dont la Muse a contenté les roys,
Soit moins que du Bartas, et qu'il ait par sa voix
Rendu ce témoignage ennemy de sa lyre.
      Ils ont menty, Dorat. Si bas je ne respire ;
Je scay trop qui je suis, et mille et mille fois
Les plus cruels tourments plutost je souffrirois
Qu'un aveu si contraire au nom que je désire.
      Ils ont menti, Dorat, c'est une invention
Qui part, à mon advis, de trop d'ambition.
J'aurois menty moi-mesme en le faisant paraître ;
      Francus en rougiroit, et les neuf belles sœurs
Qui tremperent mes vers dans leurs graves douceurs,
Pour un de leurs enfants ne me voudroient cognoistre.

Et en suite de ce sonnet, il escrivit ces six vers, qui sont sans doute comme un jugement tacite qu'il fit des œuvres de du Bartas, son illustre rival :

Je n'ayme point ces vers qui rampent sur la terre
Ny ces vers ampoulez dont le rude tonnerre
S'envole outre les airs ; les uns font mal au cœur
Des liseurs dégoûtez les autres leur font peur,
Ny trop haut ny trop bas, c'est le souverain style
Tel fut celluy d'Homère et celluy de Virgile.

Et en effet le style de du Bartas passe parmy les intelligences[17] pour un style enflé et bouffy ; mesme raboteux, dur, et qui fait autant de bruit que ce charriot de fer de la fable[18], lorsqu'il passait sur un pont d'airain.

. . . .

Édouard du Monin après avoir[19] traduit en vers latins sa première semaine, dans un long poëme latin et françois conçeu tout en la louange de du Bartas, rend grâce à Dieu de

17. TL *les intelligens*
18. TL *dans la lice des muses que ce charriot de fer de Salmonée*
19. TL avoir, *comme j'ay dict,* traduit

ce qu'il avoit accomply ce laborieux ouvrage en l'espace de
deux mois seullement, comme on le voit dans son manipule
poétique ; et non content de cela, il parle encore magnifiquement de luy en plusieurs endroits de ses œuvres, particulièrement à la fin de son poëme du Phœnix où il l'appelle ainsy
ridiculement et pensant bien dire :

> Ronsard, Dorat, Pimpont, Saincte Marthe, Bartas,
> Evesques, Delphiens, triez du mortel tas, etc.

Remarques curieuses du sieur Colletet le fils[20].

Jean Beaudoin dont le nom a esté si connu dans l'empire[21] des belles-lettres et duquel nous avons de si fidèles traductions, m'a dit autreffois que Ronsard, qui estoit fort
adroit à jouer à la paume et qui ne passoit guère de semaines
sans gagner de partie[22] aux plus grands de la Cour, estant un
jour au jeu de l'Aigle dans notre faubourg Saint-Marcel,
quelcun apporta la Semaine de du Bartas, et qu'oyant dire
que c'estoit un livre nouveau, il fut curieux, quoy qu'il fut
engagé dans un jeu d'importance, de le voir et de l'ouvrir, et
qu'aussy tost qu'il eut leu les vingt ou trente premiers vers,
ravy de ce début si noble et si pompeux, il laissa tomber sa
raquette, et oubliant sa partie, il s'écria : O que n'ai-je fait ce
poëme, il est temps que Ronsard descende du Parnasse et
cède la place à du Bartas que le ciel a fait naistre un si grand
poëte. Guillaume Colletet, mon père, m'a souvent assuré de la
mesme chose ; cependant je m'estonne qu'il ait obmis cette
particularité remarquable dans sa vie, pensée qui n'a point de
rapport au sonnet allégué qui commence :

> Ils ont menty, Dorat, ceux qui le veullent dire,
> etc., etc.

---

20. TL signale que ces remarques ne se trouvent que dans la copie
(p. 90, note n° 2).
21. TL *empyrée*
22. TL *sans gagner partie*

Mais il se peut faire que Ronsard ait esté alors de ce sentiment, et que la suitte du temps luy ait fait chanter cette palinodie, lorsqu'il vit la gloire de du Bartas prendre un si grand essor parmy les sçavans de son siècle.

(t. 1, f° 171)

CHRISTOFLE DE BEAUJEU

Il fut connu de Ronsard, ce qu'il a voulu nous témoigner par un de ses sonnets qui porte pour titre : Sonnet que l'auteur fit le jour de la Toussaint, à Paris, étant avec feu M. de Ronsard, lequel lui avoit promis de le mettre dedans ses œuvres. Mais quoiqu'il fût connu de ce grand poète, ce n'est pas à dire que l'on doive conclure qu'il en fût estimé.

. . . .

Dans la préface de son premier livre de la *Suisse*, qu'il fit imprimer à Paris, in-4°, 1589, et qu'il dédia à ce docte et fameux président Brisson, dont la fin funeste fut regrettée de toute la France, voire même de toute l'Europe, il dit qu'à l'imitation de Ronsard dans sa Franciade, il avoit composé la Suisse et qu'il l'avoit divisée en douze livres.

(t. 1, f° 193)

REMY BELLEAU[23]

L'intelligence qu'il avoit des langues grecque et latine et l'intégrité de sa vie le firent choisir pour gouverneur[24] de Charles, marquis d'Elbœuf, prince de la maison de Lorraine,

---

23. Copie Aimé Martin, ff. 58-63 v°. Vie publiée par A. Gouverneur dans *Œuvres complètes de Rémy Belleau*, Paris — Nogent le Rotrou, Franck-Gouverneur, 1867, pp. XI-XLIV. Nous signalerons ici les variantes de ce texte (G) par rapport à la copie de Rochambeau.

24. G *Comme il estoit consommé dans l'intelligence de la langue grecque et de la latine, voire mesme comme l'intégrité de sa vie estoit conforme à son érudition singulière, il fut choisy pour gouverner & pour instruire la noble jeunesse*

qui estoit en ce tems-là le favorable azile des sçavants et des grands courages. Ce fut en cette qualité de sçavant et de guerrier, que René de Lorraine, duc d'Elbœuf, le prit en affection singulière et se servit de ses conseils et de son bras même dans son voyage de Naples, où cet excellent homme l'accompagna ; et c'est de ce fameux voyage dont parle Ronsard dans une de ses odes que j'insereray ici d'autant plus volontiers, qu'elle ne se trouve que dans les premières éditions de ses ouvrages, ayant esté retranchée des dernières :

> Donc Belleau tu portes envie
> Aux dépouilles de l'Italie
> Qu'encore ta main ne tient pas,
> Et t'armant soubz le duc de Guise
> Tu penses voir broncher à bas
> Les murailles de Naples prise.
> J'eusse plutost pensé les courses
> Des eaux remonter à leurs sources,
> Que te voir changer aux harnois,
> Aux piques et aux harquebuses,
> Tant de beaux vers que tu avois
> Receu de la bouche des Muses.

. . . .

Il composa des écrits avec tant de génie qu'ils eurent l'approbation[25] de son siècle, et qu'ils font encore les délices du nostre. Jamais homme de son tems ne s'exprima plus naifvement, aussi[26] le grand Ronsard, qui l'aymoit particulièrement, l'appeloit[27] le peintre de la nature. Les premiers ouvrages qu'il publia furent ses commentaires sur le second livre des amours de Pierre de Ronsard, marchant en cela sur les pas de[28] Marc Antoine de Muret, qui avoit pris le soin de

---

25. G *toute* l'approbation
26. G *n'exprima plus naïfvement les choses dans des tableaux animés, si bien qu'en les lisant on croit voir les objets mesmes : et ce fut pour cela que*
27. G l'appeloit *d'ordinaire*
28. G de *cet illustre personnage* Marc Antoine de Muret

commenter le premier livre des amours de ce grand poëte, et
ce fut là que Belleau fit paroître d'abord l'intelligence[29] qu'il
avoit des[30] mystères de la poésie ancienne ; de la beauté des
langues étrangères, des grâces de sa[31] langue maternelle et des
secrets des plus nobles sciences.

. . . .

Le second tome des œuvres de Remy Belleau contient
entre autres choses la version françoise des odes grecques
d'Anacréon, qu'il avoit autreffois publiées luy-même à Paris,
et à Lyon vingt ans auparavant sa mort, avec plusieurs autres
excellens poèmes de son invention ; en[32] nous communiquant
cet ouvrage, il nous avoit communiqué toutes les délices de la
Grèce. Henry Estienne les ayant autreffois apportées d'Italie
en avoit régalé les muses latines puisqu'il les avoit heureusement traduites en cette mesme langue, et Belleau ne put souffrir que la France fut privée d'un si riche et si précieux thrésor.
En quoy certes il fut d'autant plus à loüer que le plus sobre de
tous les poëtes ne dédaigna pas de traduire le plus grand beu-
veur de toute l'antiquité, et ce fut aussy pourquoy le grand
Ronsard luy reprocha son abstinence de fort bonne grâce,
dans une de ses odes où il luy parle librement de la sorte :

Tu es un trop sec biberon
Pour un tourneur d'Anacréon,
Belleau he quoy ! cette comete
Qui naguère du ciel reluisoit
Rien que la soif ne prédisoit,
Ou je suis un mauvais prophète.

. . . .

Remy Belleau mourut à Paris le 7 mars 1577[33] âgé de
50 ans. Il fut honorablement enterré dans la nef des Grands-

---

29. G *La profonde* intelligence
30. G des *hauts* mystères
31. G *la*
32. G *Cela rappelle qu*'en
33. G *le septieme jour de mars*

Augustins de Paris où il fut porté sur les pieuses épaules de ses
doctes et illustres amys Pierre de Ronsard, Jean Antoine de
Baïf, Philippe Desportes et Amadis Jamin.

. . . .

Entre les vers[34] qui composent le recueil qui fut fait sur la
mort de Belleau et imprimé à Paris, je ne saurois m'empescher
d'inserer icy ceux que Ronsard fit en sa faveur, et ce d'autant
plus qu'ils sont gravez sur sa tombe avec une belle inscription
en prose latine :

> Ne taillez, mains industrieuses,
> Des pierres pour couvrir Belleau,
> Luy-mesme a basty son tombeau
> Dedans ses pierres précieuses.

. . . .

Pierre de Ronsard, entre tant d'autres vers qu'il luy
addresse, luy consacra deux beaux poëmes ; l'un en faveur de
sa version des odes d'Anacréon, qui commence ainsi :

> Non je ne me plains pas qu'une telle abondance
> D'escrivains aujourd'huy fourmille en nostre France,
> Etc., etc.

Et l'autre sur son extraction et sur l'antiquité de sa
noblesse dont voicy le commencement :

> Je veux, mon cher Belleau, que tu n'ignore point
> D'où nasquit ton Ronsard que les Muses ont joint
> D'un nœud si ferme à toi[35], affin que des années
> A nos nepveux futurs les courses retournées
> Ne celent que Belleau et Ronsard n'estoient qu'un,
> Et que tous deux n'avoient qu'un mesme cœur
> [commun
> Etc., etc.

---

34. G *Mais entre les autres* vers
35. G les vers s'arrêtent à *toi*.

Jean Antoine de Baïf luy addresse non-seullement une ode assez jolie, qui se trouve dans le huitiesme livre de ses poëmes, page 235[36], mais encore dans la plainte de la Nymphe de Bièvre, il luy fait tenir ce langage en faveur de nostre Belleau :

> Dorat des poëtes le père,
> Ronsard à qui j'ai sceu tant plaire,
> Desportes, Passerat, Belleau,
> Qui doibs de ma piteuse plainte
> D'autant plus avoir l'âme atteinte
> Que ton nom vient de la Belle Eau.

. . . .

Nicholas Richelet, dans ses commentaires sur Ronsard, ne peut exalter assez hautement son mérite. Claude Garnier, dans ses observations sur le poëme des misères de la France, de la composition du mesme Ronsard, le met au nombre de ces hommes de condition rellevée qui se sont appliquez au divin art de la poésie. Pierre de Marcassus, dans ses remarques sur les élégies, du mesme Ronsard, l'appelle excellent poëte de son temps[37], Ronsard qui, comme j'ay dit cy-dessus, a parlé de luy[38] et de sa maîtresse, qu'il appelle Madelon dans un de ses sonnets pour Marie :

> Et toy si de ta jeune et belle Madelon
> Belleau, l'amour te poind, je te prie ne l'oublie,...
>
> (t. 1, f° 205)

---

36. G page 235 est supprimé.

37. G de son temps. *L'autheur de l'histoire chronologique des hommes illustres de France luy donne un rang honorable parmy eux, & c'est là que l'on peut voir son portrait en taille douce, qui temoigne sur son front la candeur de ses mœurs & la douceur de son visage.*

38. G de luy *en mille endroicts de ses œuvres, comme en son Voyage des Isles fortunees, parle encore de luy*

GUILLAUME DES AUTELS[39]

Dans un livre de vers amoureux qu'il composa intitulé :
« la suitte du repos de plus grand travail », imprimé à Lyon en
1551[40], il y a une ode ou espèce d'apologie pour Platon, sur le
sujet de la réminiscence, et ceste ode est composée, dit-il,
contre la septiesme du troisiesme livre des odes de Ronsard,
mais je l'ai cherchée dans toutes les éditions des odes de ce
grand poëte, et n'en ay trouvé pas une à cette indication où il
fut parlé de la réminiscence de Platon. Enfin dans l'édition
des quatre premiers livres des odes imprimées à Paris l'an

---

39. Copie Aimé Martin (ff. 24-30) publiée et annotée par Adam Van
Bever (VB) dans la « Revue de la Renaissance », t. VII, sept.-déc. 1906,
pp. 193-218.
40. VB *Il composa encore un autre Livre de vers amoureux intitulé :* La
Suite du Repos du plus grand Travail, *qu'il adressa pareillement à sa
Sainte. Ce livre contient plusieurs Sonnets, Épigrammes et Odes avec une
epître en vers à sa maîtresse. Voici le premier des Sonnets de ce livre
imprimé à Lyon dès l'an 1551, date qui le doit après tout excuser envers le
lecteur s'il ne rencontre pas dans ces vers toutes les grâces et toutes les delicatesses que le travail assidu de nos poëtes modernes, et la politesse de nostre tems, a depuis employées :*

> Je fay sepulchre a ton loz de mes vers,
> Vers qu'Amour mesme ha pour nous fait si fors
> Qu'ils ne craindront de la mort les effors,
> Quand nous serons tous deux rongez des vers,
>
> Tant que la vive ame de l'Univers
> Fera tourner la roue des sept corps
> Que l'harmonie engendre des accors
> Que font toujours leurs mouvemens divers.
>
> Le bruit volant de l'un à l'autre pôle
> Les portera sus sa puissante espaule
> Pour les faire estre en tous lieux renommez.
>
> Et ton renom que par escrit je couche
> Avec honneur, volera par la bouche
> Non du vulgaire, ains des plus estimez.

Dans ce même livre

1550, j'ay rencontré celle dont il s'agit, c'est une ode que Ronsard addresse à Denis Lambin, docte professeur du roi, qui commence ainsi :

> Que les formes de toutes choses
> Soyent comme dit Platon encloses
> En nostre ame, etc.[41]

Elle mérite bien d'estre leüe pour la profonde science qu'elle contient en peu de mots, aussy bien que celle de des Autels qui luy est opposée et où il n'est pas de l'advis de Ronsard, sur cet article qu'il traitte pourtant d'ailleurs avec de grands honneurs et de grandes différences[42].

(t. I.)

JOACHIM DU BELLAY[43]

Etant allé[44] dans l'université de Poictiers pour estudier en droit afin de parvenir un jour dans les charges publiques, il devint, par la force de son esprit et par ses veilles assidues, un grand jurisconsulte, et tel que s'il eût suivy cette profession, je

---

41. VB
    > En nostre ame, et que sçavoir
    > Est seulement se ramentevoir
    > Je ne le croi, bien que sa gloire
    > Me persuade de le croire, etc.

Mais pour aider le lecteur curieux qui la voudroit lire entière dans Ronsard, je lui donne avis que c'est la quatorzieme du IIIe Livre de l'edition de Paris, in-16, de l'an 1578, et la neuvieme du même Livre dans toutes les ditions dernières, tant in-12 que in-folio, depuis celle de l'an 1604. Elle

42. VB *déférences*

43. Vie publiée par Adam Van Bever (éd. *Divers Jeux Rustiques* de Joachim Du Bellay, Paris, Sansot, 1912, pp. 12-72) et par Yvonne Bellenger (*Du Bellay : ses « Regrets » qu'il fit dans Rome...*, Étude et documentation, Paris, Nizet, 1975, pp. 269-301). Les deux éditions reproduisent le texte de la copie d'Aimé Martin (ff. 46-57 vº). Nous en indiquons ici les variantes (VB) par rapport au texte de Rochambeau.

44. VB *Et à cet effet, il s'en alla*

re fay point de doute qu'il n'eût tenu un rang fort honorable parmy les plus grands jurisconsultes de son siècle. Mais le ciel, qui le reservoit à une estude plus agréable et moins épineuse, puisqu'il le destinoit à l'estude des belles lettres et aux doux exercices des Muses, luy donna de l'adversion pour ce qu'il sçavoit et de l'amour pour ce qu'il ne sçavoit pas encore si parfaittement, et ce qui favorisa puissamment ses inclinations, ce fut la rencontre heureuse et inopinée du plus grand et du plus fameux de nos poëtes ; car comme environ l'an 1549 il retournoit de l'université de Poictiers, il se rencontra dans une même hostellerie avec Pierre de Ronsard qui, revenant de Poictou, s'en retournoit à Paris aussy bien que luy. De sorte que comme d'ordinaire les bons esprits ne se peuvent cacher, ils se firent conoistre l'un à l'autre, pour estre non-seullement alliez de parentage, mais encore pour avoir une mesme passion pour les muses. Ce qui fut cause qu'ils achevèrent le voyage ensemble, et depuis Ronsard fit tant qu'il l'obligea de demeurer avec luy, et Jean Antoine de Baïf, au collège de Coqueret, soubs la discipline de Jean Dorat, le père de tous nos plus excellents poëtes ; ainsy ces trois excellents esprits faisaient[45] tous les jours de nouveaux progrès par les enseignements d'un si sçavant maistre, s'excitoient l'un l'autre à réveiller l'ardent désir qu'ils avoient de donner une nouvelle force à la poésie françoise qui, devant eux, estoit si faible et si languissante, et ce fut dans cette étroite union d'esprits et dans cette communication d'estudes, que du Bellay changea beaucoup son style qui se sentoit fort encore de la barbarie du vieux tems ; si bien qu'estant devenu amoureux d'une belle damoiselle parisienne de la noble famille des Violes[46], il prit plaisir d'exercer son esprit et sa plume à la loüer soubs le nom d'Olive, qui est effectivement l'anagramme du nom de Viole, ce que pas un autheur n'a remarqué, et que je sçay d'une bonne tradition ; ce qu'il fit avec des vers masles et vigoureux véritablement, mais qui n'avoient pas encore toute la douceur

---

45. VB *faisant.*
46. VB *Viole*

ni toute la politesse de ceux qu'il composa depuis. Tels qu'ils
sont, ils éclattèrent de telle sorte en France, que parmy les
curieux de ces productions nouvelles et parmy les hommes
sçavants, on ne parloit d'autres choses que des amours de du
Bellay pour Olive et de Ronsard pour Cassandre ; ainsy c'estoit à qui feroit le mieux, tantost sur le sujet de l'amour qui,
dès lors, dit un autheur de ce tems-là, quitta l'Italie pour venir
en France, et tantost sur quelque autre sujet que les diverses
occasions du temps leur présentoient. Mais comme le bruit
s'épandoit déjà partout de quatre livres d'odes que Ronsard
promettoit à la façon de Pindare et d'Horace, comme il arrive
souvent que les bons esprits sont jaloux les uns des autres, du
Bellay[47] voullut s'essayer à en composer quelques unes sur le
modèle de celles de Ronsard et, trouvant moyen de les tirer de
son cabinet à son insceu et de les voir, il en composa et les fit
aussy tost courir pour prévenir la réputation de Ronsard, et y
ajoutant quelques sonnets il les mit ensuitte en lumière
l'an 1549, soubs le titre de Recueil de Poésies, ce qui fit naistre
dans l'esprit de nostre Ronsard sinon une envie noire[48], à tout
le moins une jalousie raisonnable contre du Bellay, jusques à
intenter une action contre luy pour le recouvrement de ses
papiers ; et les ayant ainsy retirez par la voye de la justice,
comme il estoit généreux au possible, et comme il avoit de
tendres sentiments d'amitié pour du Bellay dont il exhaltoit
hautement le mérite, il oublia toutes les choses passées et luy
rendit son amitié. Ils vesquirent toujours depuis en parfaitte
intelligence et en la compagnie l'un de l'autre, et mesme Ronsard voyant comme du Bellay avoit parfaittement réussy dans
ses premières odes, il l'exhorta d'en faire d'autres et de continuer dans ce genre d'écrire ; ce qu'il tenta si heureusement
qu'il mérita un des premiers rangs parmy nos poètes lyriques.
. . . .
    Il composa plusieurs sonnets[49] que l'on peut voir dans

---

47. VB du Bellay *mû d'émulation jalouse* voullut
48. VB *ennui noir*
49. VB *Et plusieurs autres encore*

ses œuvres, sans oublier celluy qu'il fit en l'honneur de Ronsard après leur réconciliation, et qui se trouve à l'entrée de la
seconde édition de ses amours de Cassandre.

. . . .

Pierre de Ronsard, son intyme amy le loue en plusieurs
endroicts de ses œuvres et spécialement dans ses amours de
Cassandre où il l'appelle divin :

Divin Bellay, dont les nombreuses loix, etc.

Dans ses odes pindariques, il luy en addresse une dont le
style est à mon gré aussy poétique et aussy fleury que pas une
autre des siennes. Elle commence de la sorte :

Aujourd'huy je me vanteray
Que jamais je ne chanteray
Un homme plus aymé que toy
Des neuf pucelles et de moy, etc.

Et en suitte il luy dit confidemment qu'il n'y a qu'eux
deux en France qui sachent dignement chanter les loüanges
des roys et les hymnes des Dieux : dans un de ses plus beaux
poëmes à la reyne Catherine de Médicis, il feint que l'ombre
du grand du Bellay luy estoit apparue, et la dessus il prend
sujet d'exalter son grand mérite et d'accuser la France d'avoir
laissé vivre et mourir un si grand homme dans l'incommodité ; ce qu'il dit sans doute plutost par un eccez d'amour et de
zèle que par un principe de vérité solide ; puisque s'il ne fut
pas dans l'abondance, il ne fut pas au moins dans la misère ; il
parle encore magnifiquement de luy dans son poëme des
Misères de la France, en parlant de sa surdité fatale ; et dans
son poëme du voyage des Isles fortunées, il le met au nombre
de ses principaux amis qu'il sollicite de l'accompagner.

. . . .

Olivier de Magny qui faisoit avec du Bellay profession
d'une estroite amitié, luy addresse un grand nombre de gaye-
tez dans ses soupirs amoureux et dans ses autres œuvres
diverses :

> Sus ô Ronsard, Bellay, Jodele,
> Accordez la lyre immortelle
> Qui rend vostre los immortel.

. . . .

Dans un de ses sonnets :

> Ronsard, d'une Marie a naguère chanté
> Et naguère il chantoit sa Cassandre divine,
> Du Bellay sur les nerfs de sa lyre angevine
> A dit divinement d'Olive la beauté, etc.

. . . .

Louis le Caron dit Carondas, dans son poëme du ciel des grâces, le met au rang de ces divins poëtes qui florissaient de son temps :

> Qui vous a ravis aux cieux
> D'une divinité telle,
> Ronsard, Saint-Gelais, Jodele,
> Sceve, Bellay gracieux,
> Dorat, Muret immortels,
> Péruse, etc.

. . . .

François ou Florent de la Baronie, dans sa seconde réponse à Ronsard, le préfère de bien loin, par envie ou autrement, à ce grand poëte en ces termes que je rapporte icy d'autant plus que l'original en est extrêmement rare :

> Du Bellay touttefois, du Bellay plus sçavant,
> Avoit jà estendu son los jusqu'au Levant,
> Et encore qu'on vid que sa plume féconde
> Qui n'a point de pareil surmontroit tout le monde,
> Si est ce qu'en après ton esprit eshonté
> Nous pensoit faire voir qu'il estoit surmonté,
> Mais tu l'as fait en vain encore que ta gloire
> Ne fut ostée encor du clos de la Mémoire.

. . . .

Jean le Masle, dans ses Récréations poétiques, loue agréablement le poëte Dorat pour avoir fait des disciples dont le savoir les a rendus maistres de tous les siècles :

> Quand du double couppeau
> Tu ramenas des Muses le trouppeau,
> Ostant aux yeux de maints esprits de France
> Le noir bandeau de l'aveugle ignorance,
> Témoins Ronsard et du Bellay qui ont
> Vivant porté le laurier sur le front, etc.

. . . .

La Fresnaye Vauquelin parle fort honorablement de du Bellay en neuf ou dix endroits de ses œuvres, et spécialement dans son art poétique où il dit qu'après que Ponthus de Thiard et Maurice Sceve ont inventé plusieurs mots dans leur Pasithée et dans leur Delie, qu'il doit estre permis à ceux qui les vallent bien de faire la mesme chose ; et que du Bellay, Ronsard et Baïf inventant mille propres bons mots, n'en pussent faire autant, etc.[50]

. . . .

Jacques Veillard, de Chartres, dans son oraison funèbre de Pierre de Ronsard, dit que du Bellay chérissoit de telle sorte ce grand poëte, qu'il taschoit de l'imiter en tout, jusque à voulloir passer pour sourdaut aussy bien que luy, quoiqu'il ne le fût pas en effet, et quoy qu'il soit mort dans l'opinion commune qu'il le fust. Ce qui d'abord semblera fort estrange, mais qui n'est pourtant pas sans exemple dans l'antiquité ; puisque les meilleurs disciples du philosophe Platon, pour imiter jusques à ses deffauts propres, prenoient plaisir à marcher, voutez et courbez comme luy ; et que ceux d'Aristote, taschoient en parlant de hésiter et de bégayer à son exemple[51]....

---

50. «et que du Bellay... n'en pussent faire autant » : en vers dans les deux éditions indiquées.
51. VB n'indique ici aucune interruption du texte.

· ·

Claude Binet dans la vie de Ronsard témoigne l'estime
extraordinaire qu'il faisoit de la poésie de du Bellay, Antoine
Muret, Remy Belleau, Nicolas Richelet et Claude Garnier,
aussy bien que Marcassus, dans leurs divers commentaires
sur le mesme Ronsard, le traittent toujours d'excellent poëte
et digne d'une infinité de louanges.

(t. I, f⁰ 235)

JACQUES BEREAU[52]

Le dernier de ses sonnets, dont il donnoit, dit-il, le premier livre, s'adresse à Pierre de Ronsard auquel il fait quelque
reproche du peu de soin qu'il avoit de travailler à son grand
poëme de la Franciade dont on parloit du moins autant en ce
tems là, qu'au nôtre on parle de la Pucelle.
Voici le début de son sonnet :

> Ronsard seront toujours amoureux tes escrits ?
> Ne verrons-nous de toy qu'élégies pleureuses,
> Hymes, odes, sonnets, bucoliques joyeuses,
> Ne verrons-nous jamais ce Francus entrepris ?
>
> Laisse, laisse Ronsard, pour les moindres esprits
> Ces ouvrages communs. Sans plus user d'excuses
> Tu perds trop de temps là ; fay chanter à tes muses
> Ces Troyens nos autheurs, œuvre de plus grand prix.
>
> La France t'en requiert qui par ta gentillesse
> Espère s'esgaler à Rome et à la Grèce,
> Par là tu t'acquerras seure immortalité.
>
> Par là tu t'acquerras la faveur de la France
> Qui de toy seul attend ceste félicité.
> Veux-tu de tes labeurs plus digne récompense ?

(t. I, f⁰ 266)

---

52. Copie Aimé Martin, ff. 73-74.

FRANÇOIS DE BEROALDE[53]

Les Amours de Minerve qu'il composa consistent en un grand nombre de sonnets qui ne sont pas, à mon advis, ce qu'il y a de meilleur dans le livre des amours divertissantes de sa belle, sage et vertueuse Floride ; il y en a quelques uns où il a voullu mesme imiter Ronsard, mais ce me semble fort peu heureusement, temoin celluy qui commence :

Je ne suis point, belle et docte guerrière,
Ce forgeron impudemment hagard
Qui furieux sans honte et sans égard
Voullut tenter ta jeunesse première.
Je ne suis point, douce, chaste, meurtrière,
Ce fier géant transpercé de ton dart ;
Je suis hélas un amant qui trop tard
Vient pour fleschir ton âme toute entière.
Ne me fuy point et ne me tuë aussy ;
Mais de mon cœur, ma belle, aye mercy,
Te monstrant douce autant comme vaillante ;
Fuyant les foux, vainquant les orgueilleux,
Tu fis beaucoup, tu feras encor mieux
Si tu fais vivre une âme obéissante.

Il paroist bien qu'il est moullé sur celluy de ce grand poëte, qui débute ainsy :

Je ne suis point, ma guerrière Cassandre...

(t. 1, f° 277).

JULES CŒSAR LE BESGUE

Son poème des Malheurs de la France, dans la rudesse de ses vers et quelquefois la barbarerie de ses vocables ou

---

53. Mss. Bibl. Nat. Paris, *Nouv. Acq. Franç.*, n° 3074, ff. 11-24 v°.

termes nouveaux, n'est pas désagréable à lire à celui qui ne
considère que les sentiments raisonnables, puisqu'il est un
assez vif tableau des misères de son temps ; mais comme ce
sujet a été traité tant de fois et par tant de doctes esprits et particulièrement du grand Ronsard qui, dans ses Misères de la
France, a non-seulement en cela surpassé tous les autres, mais
peut-être s'est encore surmonté soi-même.

. . . .

Il voulut couronner ses œuvres de ce quatrain à peu près
moulé sur celui dont Ronsard honora le noble frontispice de
sa Franciade, mais qui n'approche pas pourtant de son original :

> Un lira ce livret pour apres en bien dire,
> L'autre le voudra voir affin d'en detracter ;
> De pouvoir plaire à tous c'est ce que je désire ;
> Mais il est difficile un chacun contenter.

                                                    (t. I, fº 289)

CLAUDE BILLARD,

Il faisoit tout ce qu'il pouvoit pour rendre sa poésie
agréable aux oreilles. Et il avoit en cela, comme en toute autre
chose, si bonne opinion de lui-même et faisoit un tel mépris
des lâches rimeurs de son temps et des petits aristarques de la
cour, que dans toutes ses préfaces il les drappe agréablement,
les traitant toujours de haut en bas, et ne feint point de s'éga-
ler quelquefois aux Lucain, aux Ronsard et aux du Bartas,
c'est-à-dire aux plus grands hommes de tous les siècles.

                                                    (t. I, fº 320)

PIERRE DE BRACH[54]

Comme le second livre des poëmes de Pierre de Brach
contient des matières plus nobles et plus rellevées que celles

du premier livre[55], c'est là aussy que son esprit s'ellève et montre beaucoup plus de force et de génie qu'auparavant. L'hymne de Bourdeaux, qu'il addresse par un beau sonnet à ce grand poète Pierre de Ronsard, est un ouvrage si considérable, non-seullement pour le nombre de douze cents vers au moins qu'il contient, mais encore pour l'air héroïque dont il traitte les matières, que je puis dire avec vérité que jamais ville ne fut si dignement ny si hautement louée.

....

Son poëme de la monomachie de David et de Goliath l'emporte à mon avis de si loin sur celluy-là mesme du fameux Joachim du Bellay, que le mont Cenis l'emporte en hauteur sur nostre butte de Montmartre ; et que l'orgueilleux meurier de nostre ancienne maison paternelle dont les doctes ont tant parlé soubs le titre de la maison de Ronsard l'emportoit.

Sur les humbles jasmins de nostre jardinage.

....

Son ode pyndarique de la Paix est telle que comme elle contient encore plus de vers que celle de Ronsard au grand chancelier de France, Michel de l'Hospital, elle semble quasy luy disputer aussy le prix du mérite.

....

Entre les autres poëmes de son troisième livre intitulé Meslanges[56], sa description d'un voyage qu'il fit en Gascogne avec ce grand et fameux poëte Guillaume du Bartas, ne cède guères à la vive peinture que Ronsard fit de son voyage de Touraine avec ce fameux poëte Jean-Antoine de Baïf, et certes je ne croy pas peu loüer ce poëme de Brach, de l'égaller en quelque sorte à celluy de Ronsard, puisque dans ma pensée

---

54. Vie publiée par Reinhold Dezeimiris dans *Œuvres poétiques de Pierre de Brach, sieur de la Motte-Montussan*, Paris, Aubry, 1862-1863, t. II, pp. VII-XVIII. Nous en signalerons ici les variantes (D) par rapport à l'éd. de Rochambeau.

55. D celles *là*

56. D *Entre les autres Poëmes*, sa description

c'est un des plus beaux et des plus fleuris qui soit party de l'esprit et de la plume de ce premier prince de tous les poëtes.

....

La lecture de ses vers où je ne suis pas le seul qui y a[57] pris du plaisir, m'apprend qu'il avoit d'illustres amis partout[58], puisqu'entre les autres, du Bartas et Ronsard, Jacques Pelletier du Mans et Martial Monier de Limoges, Florimond de Remond et le grand Michel de Montagne, ses compatriotes, estoient ses intimes amys. Et tous assez connus dans la république littéraire par[59] leurs doctes et fameux ouvrages.

(t. I, fº 413)

DE CHOLIÈRES

On remarque dans les œuvres du poète de Cholières une circonstance difficile à expliquer. Après une série de vers de sa façon, on voit tout de suite et sans distinction quelconque sous le même titre des *Mélanges du seigneur de Cholières*, plusieurs poëmes comme élégies, odes, stances, madrigaux, sonnets et autres genres de vers qui sont effectivement des productions de Ronsard, d'Amadis Jamin, de la dame des Roches et de quelques autres beaux esprits, le tout en faveur de la maîtresse du roy Charles IX, de la famille d'Aquavive, sous le nom de Callyre. Seroit-ce que ce Cholières eût voulu passer pour plagiaire et s'attribuer ce qui ne lui appartenoit point ? Cependant ses autres ouvrages en prose témoignent de sa fécondité.

(t. II, fº 113)

---

57. D qui y *ait*
58. D *par tout*
59. D *pour*

FLORENT CHRESTIEN,

L'an 1563, il fit imprimer à Orléans, in-4°, sous un nom supposé, des invectives contre Ronsard qu'il intitule : *Response première et seconde de F. de la Baronie à messire Pierre de Ronsard, prestre-gentilhomme vendomois, évêque futur*, qu'il accompagna encore d'un autre poëme de même nature intitulé : *Le temple de Ronsard*, où la légende de sa vie est brièvement décrite. Le tout avec des traits piquants et de doctes railleries à irriter la patience même et à divertir les lecteurs qui se plaisent à la liberté de la satire.

(t. II, f° 116)

GUILLAUME CLAVIER[60]

Pierre de Ronsard témoigna bien autrefois au roy Charles IX son bon maître combien ses amours pour la belle Aquavive lui étoient chères par la production de ces beaux vers intitulés : *Les vers d'Eurymédon et de Callirée*. C'est ce qu'on lit dans la vie de G. Clavier.

(t. II, f° 124)

MICHEL LE COMTE

Pierre de Ronsard composa en faveur de Michel Le Comte une épigramme dont l'équivoque me persuaderoit volontiers qu'il la fit plutost pour se moquer de lui que pour le louer.

(t. II, f° 176)

---

60. Mss. n° 3074, cit., ff. 56-59 *bis*.

CHARLES D'ESPINAY

Outre les deux bibliothécaires françois A. Duverdier et Lacroix du Maine qui ont parlé de Charles d'Espinay, Pierre de Ronsard, Rémy Belleau et les plus fameux poëtes de leur siècle lui adressèrent plusieurs beaux sonnets qui se trouvent insérés au frontispice des siens. Entre tous, Ronsard l'aimoit tendrement à cause des bonnes qualités qu'il connaissoit en lui. Non content de lui avoir adressé deux beaux sonnets il lui dédia encore son *Cyclope amoureux.*

(t. III, f° 8, v°)

JACQUES GREVIN[61]

Jacques Grevin fut longtemps le disciple et l'ami de Ronsard. Après avoir été poète, il se fit médecin comme le dit Ronsard dans le discours qu'il lui a dédié et qui finit par ces vers :

A fin qu'en nostre France un seul Grevin assemble
La docte médecine et les vers tout ensemble.

Mais les opinions religieuses divisèrent bientôt les deux amis et Grevin écrivit contre son maître de violentes diatribes. On lui attribue *Le temple de Ronsard,* une des plus violentes réponses au *Discours des misères du temps.*
. . . .
On peut lire ce qu'ont dit, sur la tragédie de César par Grevin, ces trois grands ornements des belles-lettres, Ronsard, Florent Chrestien et Georges Buchanan, dont les témoignages glorieux honorent le frontispice de ce poëme.

(t. III, f° 238 et 242)

---

61. Copie Aimé Martin, ff. 211-217. Mss. n° 3074, cit., ff. 336-346 (Ms. Tricotel, *Mélanges*, t. VII, ff. 267-275).

JACQUES GUILLOT

Ce jeune poëte était sans cesse préoccupé de la réputation générale que le grand Ronsard s'était acquise par la publication des quatre premiers livres de la *Franciade*.

Il crut que de marcher sur les pas de Ronsard, c'était obliger la renommée de publier sa gloire autant que celle de Ronsard mesme.

. . . .

Ce n'est pas que comme Ronsard a ses défauts, son imitateur n'ait encore les siens, mais certes Ronsard est en ce point plus excusable que ses défauts n'étoient pas dans la juste sévérité de nos règles que l'on commençoit de connoître et de pratiquer en quelque sorte, lorsque celuy-cy nous régala de ses productions héroïques.

Il fit donc imprimer à Paris l'an 1606 un poëme intitulé la suite de la Franciade de Pierre de Ronsard, gentilhomme vendomois.

(t. III, f°s 272, v^o, 273 et 273 v°)

JACQUES HURAULT

L'étroite amitié qu'il avoit contractée avec ce grand poëte Pierre de Ronsard, qui estoit son illustre voisin, fut cause qu'à son exemple il s'appliqua fort soigneusement à l'étude des bonnes lettres...

... Mais pour ce que Ronsard entre plusieurs vers qu'il luy adresse a fait dans une de ses élégies le naïf tableau de ses inclinations et de ses mœurs, je ne feindray pas de le représenter icy pour le contentement de mon lecteur :

> Tu prens je le sçay bien le conseil pour toy mesme
> Que tu m'as ordonné ; tu n'as point . . . .

. . . .

(t. III, f° 332, v^o)

AMADIS JAMIN[62]

Amadis Jamin fut dans sa jeunesse page de Pierre de Ronsard comme le témoigne Ronsard luy-mesme dans une de ses élégies et dans le poëme qu'il luy adresse, intitulé *la Salade*, et qui commence ainsi :

Lave ta main, qu'elle soit belle et nette,
Suy moy de près, apporte une serviette
Pour la salade, Amadis, et faison
Part à nos ans des fruits de la saison.

Et le reste, qui vaut mieux que ce commencement. Claude Binet témoigne la mesme chose dans la vie de Ronsard lorsqu'il dit que ce grand homme avoit nourry page Amadis Jamin et avoit pris un soin tout particulier de le faire instruire.

. . . .

Le plus fameux ouvrage d'Amadis Jamin sont les treize derniers livres de l'Illiade etc... Ce traicté fut hautement loué par Pimpont, par du Bourg, évesque de Rieux, et par Ronsard.

(t. III, f° 336)

GUY DE TOURS

... Ses vingt-neuf ou trente sonnets dont il compose en détail le portrait des beautés de son Ente, et qu'il dédie à Ronsard soubz ce titre : *A monsieur de Ronsard, roy des poëtes françois* . . . .

... Ainsy le grand Ronsard parle quelquefois à sa chère Cassandre comme si elle estoit ceste royalle fille de Priam qui portoit le mesme nom dans l'ancienne Troye, etc. :

---

62. Copie Aimé Martin, ff. 245-248 v°.

Tu conseillois à la germaine Elise, etc.

(t. III, f° 279)

ESTIENNE JODELLE[63]

Il est curieux de lire la chanson qu'il composa pour répondre à celle de Ronsard, qui commence ainsi :

Quand j'estois libre, etc. . . . .

et celle par laquelle il répond à une autre du même poëte, qui commence par ces mots :

Je suis Amour, le grand maistre des dieux,
Etc. . . . .

Jodelle a je ne sçay quoy de noble et de généreux dans ses pensées ; mais pour ce que Pasquier, dans ses Recherches de la France, en a porté son jugement, les opposans l'un à l'autre et disant que c'estoit à bien attaqué bien deffendu, je n'en diray rien davantage, sinon que je trouve dans celles de Ronsard des grâces que j'ay cherchées vainement dans celles de Jodelle. Ils sont curieux à comparer[64].

(t. III, f°s 377 et 378)

---

63. Copie Aimé Martin, ff. 249-256v°. Vie publiée par Van Bever dans *Les Amours et autres poésies d'Estienne Jodelle*, Paris, Sansot, 1907, pp. 11-51.

64. Ce fragment est complètement différent dans l'éd. Van Bever. Le voici : « La chanson qu'il fit pour répondre à celle de Ronsard qui commence :
Quand j'estois libre, etc.
a je ne sais quoi de noble et de genereux dans ses pensées ; mais pour ce que Pasquier dans ses *Recherches de la France* en a porté son jugement, les opposant l'une à l'autre, et disant que c'étoit à bien attaqué bien défendre, je n'en diroi rien davantage, sinon que je trouve des graces dans celle de Ronsard, que j'ai cherché vainement dans celle de Jodelle ; je conseille à nos curieux de les conferer ensemble, et en continuant je leur conseille de voir

PIERRE DE LAUDUN [D'AIGALIERS]

Son cinquiesme et dernier ouvrage est celluy qu'il intitule *la Franciade*, divisée en neuf livres et dédiée au roy de France Henri IVᵉ et imprimée à Paris l'an 1603. Il crut, tant il estoit jeune et présomptueux, avoir, par ce poëme héroïque, effacé toute la gloire des anciens et des modernes, et Robert de Laudun, son oncle, qui prist à tâche de dresser de vastes et doctes commentaires sur ses ouvrages, se flatte de la mesme créance, car il l'égala d'abord à Homère et à Virgile, et s'imagina que son nepveu n'avoit pas moins rendu célèbre par ses esprits la gloire de ce grand prince que ces deux divins poëtes rendirent fameuse celle d'Achille et d'Enée. L'autheur mesme, qui avoit entrepris de traitter le mesme sujet que Ronsard avoit si heureusement commencé dans sa belle et docte Franciade ne peut s'empescher à l'entrée de la sienne, de donner une atteinte couverte à ce grand poëte en ces termes :

Toy, Muse, entend ma voix, souffle d'un doux zéphire
Le voile courageux de ma sainte navire.
Que je ne laisse pas comme un Agrigentin
Sur l'ardent Montgibel mon enferre patin ;
Ou que trop piaffeux marchand à royal gage,
Je ne laisse imparfait ce pénible voyage.

Et là-dessus je m'estonne comme son interprète, qui a sainement expliqué et désigné le fameux Empédocle par ce mot d'Agrigentin, a passé soubs silence ce piaffeux et marchand à royal gage. Car de s'imaginer qu'il ait ignoré que son neveu n'eut en cest endroit voulu parler de Ronsard, c'est une erreur insupportable. Mais c'est qu'il a eu honte de découvrir

---

encore celle par laquelle il repond à une autre de Ronsard qui commence :
Je suis Amour, le grand maistre des dieux, etc.,
et ils verront avec plaisir auquel de ces deux poëtes on doit adjuger la couronne de la victoire » (pp. 39-40).

l'orgueil extraordinaire de l'autheur qui se préféroit à tous les autres, et qui est bien au-dessous de tous ceux qui ont traitté en France des matières épiques. Son ouvrage n'est qu'un ramas et qu'un pot-pourri de tout ce que Ronsard et du Bartas ont dit de meilleur, jusques à leur dérober laschement par cy par là des vingt-cinq et trente vers de suitte, et les insérer dans son poëme; et ainsy condamnant ou mesprisant ses bien-faiteurs, ne se montre-t-il pas envers eux aussy ingrat que plagiaire?

(t. IV, f° 12)

DAVID AUBIN DE MORELLES

Quoique Aubin de Morelles aimât passionément les vers de Ronsard, en lisant ceux de Desportes et depuis ceux de Lingendes et de Bertaud, il commença de croire que le règne de Charles IX et de Henri III n'avoit point encore mis notre poésie en son apogée, et que si elle n'avoit pas à l'avenir de plus nobles élévations, du moins qu'elle n'auroit pas tant de négligences ni tant d'impuretés. En effet, il faut que le génie de Ronsard, tout grand et tout sublime qu'il soit, cède en beaucoup d'occasions aux justesses de nostre siècle, soit dans les sentiments et les pensées, soit dans le choix des paroles et dans la beauté de l'élocution.

(t. IV, f° 279)

CLAUDE DE MORENNE

Ses deux églogues, l'une intitulée *les Sorciers,* et l'autre *Damon*, me semblent fort gentilles et fort pastorales et ne s'éloignent pas tant de la naïveté de celles de Belleau quoiqu'elles n'approchent pas de celles de Virgile et encore moins de celles de Théocrite et de Ronsard.

(t. IV, f° 285)

MARC ANTOINE DE MURET[65]

Un certain Jolias fait dans son addition à la bibliothèque de Gesner un catalogue succinct des œuvres latines de Muret. Pierre de Ronsard lui dédia plusieurs de ses poëmes, témoin cette belle élégie des amours de Cassandre qui commence ainsy :

Non, muses, non, ce n'est pas d'aujourd'huy,
Etc.

Il lui adressa encore son poëme des *Isles fortunées*, et comme il étoit l'un de ces gaillards esprits qui accompagnèrent la pompe de Jodelle au fameux voyage d'Hercüeil, ce grand poëte ne l'oublia pas aussy dans les dithyrambes qu'il composa sur ce folâtre sujet[66].

(t. IV, f° 308)

PIERRE LE LOYER

Louis Martel de Rouen et plusieurs autres poëtes connus l'ont célébré par leurs vers. Marguerite Le Loyer, sa sœur, voullut estre aussy au nombre de ceux de ses paranymphes comme on le voit par l'épigramme qu'elle luy addresse sur le sujet de ses *Amours de Flore*. Enfin le grand Ronsard se rencontrant un jour dans la ville d'Angers, dans la boutique d'un libraire, avec René Bolet la Chapelle, son avocat et son amy, homme sçavant et célèbre et qui avoit une fort belle bibliothèque à Angers, après avoir ouy parler en ce lieu de la comédie nouvelle de Le Loyer intitulée *la Nuée des cocus* qui estoit preste de paroistre en public, il composa sur le champ quatre vers qu'il envoya dès l'heure mesme à l'autheur de la pièce et qui sont insérez de la sorte au frontispice de son livre :

---

65. Copie Aimé Martin, ff. 365-372.
66. Voir, plus haut, p. 102, note n° 135.

Loyer, ta docte muse n'erre
De bastir une ville en l'air
Où les cocus puissent voler,
Pour eux trop petite est la terre.

(t. IV, f° 46, v°)

CLÉMENT MAROT[67]

Pierre de Ronsard avoit ordinairement un Marot entre les mains et le lisoit avec un jugement solide. Il l'appeloit (comme dit Claude Binet en sa vie) son Ennius des baleiures[68] duquel il tiroit par une laveure industrieuse de riches limailles d'or.

(t. IV, f° 132)

JEAN MARTIN[69]

Après avoir fait de doctes commentaires sur son Arcadie de Sannazar, il en fit encore quelques uns sur le premier livre des odes de Ronsard que l'on voit dans la première édition de l'an 1550 et qu'il intitula : *Briefve exposition de quelques passages du premier livre des odes de Pierre de Ronsard*, J.M.P. qui est sans doute à dire Jean Martin, parisien, travail agréable, certes, et qu'il avoit dès lors résolu si la mort envieuse de nostre contentement ne se fût point opposée à ses louables desseins.

(t. IV, f° 151)

JEAN ÉDOUARD DU MONIN

C'était de du Monin que Ronsard voulloit parler lorsque, considérant les esprits de son siècle, il dit : Il y en a qui

---

67. Copie Aimé Martin, ff. 321-334. Vie publiée par Georges Guiffrey dans *Notices biographiques sur les trois Marot*, cit., pp. 17-56 (cité G).

68. G *Le lisant avec un jugement solide il l'appeloit, comme dict Claude Binet dans sa vie, son Ennius de Balieuvres.*

69. Copie Aimé Martin, ff. 343-344 v°.

ont l'esprit plus turbulent que rassis, plus violent qu'aiğre, et qui, comme les torrents de l'hyver, entraînent de dessus les montagnes plus de boue que d'eau claire, voullant éviter le langage commun. Ils s'embarrassent dans des mots et dans des manières de parler dures, fantastiques et insolentes qui représentent plustost des chymères et de venteuses impressions des nües qu'une véritable majesté virgillienne.

(t. IV, f° 231)

MATHURIN REGNIER[70]

Un ancien orateur disoit autrefois que ce n'estoit pas une petite marque de la félicité du règne d'un bon prince lorsqu'il permettoit aux poëtes de faire des invectives contre les vices et les mœurs corrompues de son[71] siècle, et d'apprendre aux hommes la vertu à la confusion du vice : tel fut autrefois l'empereur Trajan dont la bonté généreuse doit toujours servir d'exemple et de modèle à ceux qui sont appelés du ciel au gouvernement des peuples. Tel fut aussy, dans le dernier siècle, nostre roy Charles IX, lequel, au rapport d'un auteur[72] particulier de son tems, sollicitait Pierre de Ronsard de faire des satires contre les vices de la cour et de ne l'épargner pas luy-même, si la[73] muse trouvoit quelque chose à reprendre dans ses actions roiales. Et ce fut aussy après cette permission que Ronsard fit[74] contre luy le poëme de la Dryade violée[75] où[76],

---

70. Vie publiée par Édouard Barthélemy dans *Œuvres de Mathurin Régnier,* Paris, Poulet-Malassis, 1862, *Appendice* II, pp. 395-398. Nous signalerons ici les variantes de Barthélemy (B) par rapport au texte de Rochambeau.

71. B *du siècle*

72. B *conteur*

73. B *sa* muse

74. B *composa*

75. RB, p. 27 et Comm. par Laumonier (pp. 169-170) qui écrit « Colletet parle aussi de la *Dryade violée* [...], mais son témoignage n'éclaire en rien la question, n'étant que la reproduction de celui de Binet » (p. 170).

76. B *En*

gardant le respect qu'il devoit à un si bon maître, il le blâma
d'avoir fait couper la forêt de Gâtines, qui sembloit estre
dédiée aux muses qui ont tant de passion pour les bois et pour
les fontaines. Le roy Henry-le-Grand, dont l'heureuse
mémoire doit être en éternelle[77] vénération à toute la France,
étoit dans ce[78] même sentiment. Comme il étoit ennemi des
flatteurs et des lâches, il luy importoit peu qu'ils fussent publiquement reconnus pour ce qu'ils estoient. Si bien que sous
son règne la satire s'acquit un tel crédit qu'il n'y avoit point de
poëte à la cour qui, pour acquérir du nom, ne se proposât de
marcher sur les pas d'Horace et de Juvénal et de faire après
eux des satires à leur exemple. Mais certes celui qui l'emporta
bien loin dessus les autres dans ce genre d'écrire, qui offusqua
les Motius[79], les Berthelot, les Sigognes, et qui devint mesme
plus qu'Horace et plus que Juvénal en nostre langue, ce fut
l'illustre Régnier. Esprit en cela d'autant plus admirable
qu'entre les nostres il n'y en avoit encore eu pas un[80] qu'il eut
pu raisonnablement imiter, car encore que nos anciens Gau-
lois eussent composé des syrvantes, que François Villon et
que François Habert, que Clément Marot et quelques autres
eussent fait des satires, c'est[81], à dire vrai, plutost de simples et
de froids coq-à-l'âne, comme il les appelaient alors que de
véritables poëmes satiriques[82].

Ainsi[83] Ronsard l'avoue lui-même franchement[84] lorsqu'il dit dans une élégie à Jean de la Péruse que jusqu'à son
temps pas un[85] des François n'avoit encore réussi ni dans la
satire ni dans l'épigramme, ce qu'il espère de voir un jour arriver :

77. B *doit être en vénération*
78. B *le*
79. B *Motin*
80. B il n'y en avoit *pas encore eu*
81. B *c'étoit*
82. B le texte continue sans aucune interruption.
83. B *Aussi*
84. B supprime *franchement*
85. B *aucun*

L'un la satire et l'autre plus gaillard
Nous sallera l'épigramme raillard.

(t. V, f° 246)

JACQUES PELLETIER[86]

La Fresnaye Vauquelin dans son Art poétique françois, parlant de ceux qui ont excellé dans la composition des hymnes, en discourt ainsy en faveur de Ronsard et de Pelletier :

Note pareillement la généreuse audace
De Ronsard qui les vieux en ce beau genre passe,
Et le jugement grand et la facilité
Du sçavant Pelletier en son antiquité,
Et si tu ne veux point user de noms estranges
Donne luy, comme luy, le beau nom de louanges.

(t. VI, f° 86)

JEAN DE SCHELANDRE

Comme ce poëte n'aymoit que les choses masles et vigoureuses, ses pensées l'estoient aussy, et en cela, disoit-il, il imitoit Ronsard et du Bartas qui, après les plus excellents poëtes grecs et latins, estoient ses autheurs ordinaires, témoin ce sonnet de sa façon qu'il me donna un jour écrit de sa main propre et qui est une déclaration ingénue de la franchise de son âme vrayment gauloise.

J'estime Bartas et Ronsard,
Toute censure m'est suspecte,
Quelque raison que l'on m'objecte
De celluy qui fait bande à part.
C'est bien fait d'enrichir un art

---

86. Copie Aimé Martin, ff. 392-397 v°.

Pourvu que trop on ne l'affecte,
Mais d'en dresser nouvelle secte,
Nostre siècle est venu trop tard.
O censeurs de mots et de rymes
Otent le bon pour le joly.
En soldat j'en parle et j'en use :
Le bon ressort, non le poly,
Fait le bon roüet d'arquebuse.

Ce n'est pas, après tout, que comme il estoit de mes amys intimes, et qu'il me faisoit l'honneur de déférer beaucoup à mes petits sentiments, il ne se fût résolu de corriger toutes ses œuvres et d'en adoucir la rudesse, ce qu'il commença de faire dans la dernière édition de sa tragicomédie de Tyr et de Sydon, car en plusieurs endroits je l'obligeay d'y passer la lime et, comme il disoit, ma pierre de ponce, ce qu'il ne faisoit au commencement qu'avec répugnance, mais enfin il me donna les mains, lorsque je luy monstroy que dans les vers de Virgile et dans Ronsard qu'il me citoit à toute heure et bien à propos, il y avoit autant de douceur que de majesté, si bien que je rendis enfin son oreille ennemye des duretez et des cacophonies.

. . . .

Comme dans ces deux premiers livres (Tyr et Sydon et la Stuartide), il avoit fait à l'exemple de Ronsard dans sa Franciade ses vers de dix à onze syllabes, il fit les deux autres en vers alexandrins ou de douze syllabes, les jugeant depuis comme ils le sont, en effet, plus propres pour l'héroïque.

(t. VI)

SAINCTE MARTHE

Pierre de Ronsard, le prince de nos poëtes françois, après le haut témoignage qu'il rendit de son poëme de la Pédotrophie ou de l'instruction des enfants, luy dédia encore un de ses plus excellents ouvrages de poësie en ces termes fort honorables :

. . . .

> Scévole, amy des muses que je sers, etc.

Claude Binet, dans la vie de Ronsard, met Saincte-Marthe au rang de ceux que ce grand poëte aymoit et honoroit le plus.

La Fresnaye Vauquelin parle encore ainsy de luy et de ses muses latines et françoises :

> Et comme Saincte Marthe écrit de mesme plume
> Le latin et françois quand sa fureur l'allume,
> De sorte qu'il égale un Dorat d'une part
> Et de l'autre il seconde un illustre Ronsart.

. . . .

Nicolas Richelet, Claude Garnier et Pierre de Marcassus, dans leurs commentaires sur les poëmes de Ronsard, cittent de ses vers en quelques lieux.

(t. VI).

JACQUES TAHUREAU[87]

Sa poësie qui estoit assez jolie et assez mignarde pour le temps le fit aymer et connoître des plus signalés poëtes de son siècle, comme de Ronsard, de Baïf et des autres qui le louèrent hautement comme à l'envy[88].

Pierre de Ronsard le met au nombre de ces nobles poëtes qu'il invite d'entreprendre avec luy le voyage des îles fortunées et de quitter la France pendant ses divisions et ses guerres[89].

Il[90] parle encore de luy dans un autre de ses sonnets, et de

---

87. Copie Aimé Martin, ff. 471-476 vº. Vie publiée par Blanchemain dans *Mignardises amoureuses de l'admirée*, par Jacques Tahureau..., Genève, Gay, 1868, pp. VII-XXI. Nous signalerons ici les variantes de Blanchemain (B) par rapport au texte de Rochambeau.

88. B ajoute ici un long passage.

89. B ajoute ici un long passage.

90. B supprime *il*.

son Admirée comme du plus beau couple d'amants qui ait jamais esté[91]. Dans le second livre de ses *Amours de Francine,* il se trouve encore un sonnet qu'il addresse à son amy Tahureau pour reconnoître en quelque sorte les bons traitements que lui faisoit ce jeune poëte dans l'une de ses maisons de campagne[92].

Pour éterniser d'autant plus au monde leur amitié mutuelle et le déplaisir sensible qu'il eut de la perte de ce poëte, il parle de luy dans un poëme qu'il addresse au duc d'Anjou, à l'entrée de ses *Amours de Méline.*

. . . .

Jean de la Péruse composa un sonnet où il compare Tahureau au chantre[93] de Cassandre, à l'adorateur d'Olive et à l'amant de Meline, désignant par là du Bellay, Ronsard et Baïf.

. . . .

Claude Garnier, dans ses *Commentaires sur le poëme de Ronsard des misères de la France*, le met au nombre des célèbres poëtes qui ont tiré leur naissance d'une illustre maison.

(t. VI)

MARGUERITE DE VALOIS[94]

Avec les versions italiennes d'un autheur anonyme et les

---

91. B ajoute un passage.

92. B ajoute un passage.

93. B *Jean de la Péruse, qui mourut fort jeune comme luy, et qui, comme luy, s'acquit une grande reputation de son tems, luy adressa plusieurs vers que l'on voit dans ses œuvres, et entre les autres une ode, où il parle ainsy de sa maistresse et de luy en termes diminutifs, qui faisoient une grande partie de la mignardise de son siècle :*

[..........]

Il composa un sonnet sur un portrait voilé de l'Admirée qui commence ainsy :

Les Dieux voulant montrer le plus de leur avoir...

et un autre où, après avoir comparé Tahureau au chantre

94. Copie Aimé Martin, ff. 492-495 v°. Vie publiée par Gellibert des Séguins, *op. cit.*, pp. 127-170. Nous signalerons ici les variantes de Gellibert des Séguins (GS) par rapport au texte de Rochambeau.

versions françoises de ces trois illustres poëtes Pierre de Ronsard, Joachim du Bellay et Jean-Antoine de Baïf qui, par une
agréable concurrence, traduisirent à l'envy l'un de l'autre
cette excellente ode latine de Jean Dorat qui commence :

> Qualis quadrigis raptus ab igneis
> Sublime etc.

On en trouve une de Marguerite de Valois dans le
fameux recueil de vers grecs, latins, espagnols, italiens et
françois, que fit le comte d'Alsinois ou plutost Nicolas Denisot, et qu'il publia à Paris, in-8°, l'an 1551[95].

C'est là que l'on void encore l'ode pastorale[96] et le bel
hymne triomphal que le mesme Ronsard fit sur le trépas de
cette généreuse princesse, poëme mémorable où, sur la fin, il
se plaint sensiblement des atteintes envieuses de Melin de
Saint-Gelais, ce qu'il réforma depuis dans toutes les autres
éditions.

(t. VI).

---

95. Ce passage est complètement différent dans GS. Le voici : « Mais ce
qui faict peut estre le plus à sa Gloire, c'est ce fameux Recueil de vers Grecs,
Latins, Espagnols, Italiens et François que fit Nicolas Denisot, Comte
d'Alsinois, quelque temps apres sa mort, et qu'il prit le soin de publier à
Paris, in-8°, l'an 1551. C'est là que, apres deux belles Prefaces de Nicolas
Herberay, Seigneur des Essars, et du mesme Nicolas Denisot, on void les
cent beaux Distiques Latins que ces trois Sœurs et excellentes Princesses
Angloises, Anne, Marguerite et Jeanne Seymour, composerent sur le tres-
pas deplorable de cette sçavante Heroïne. Distiques qui furent traduits en
vers Grecs par Jean Dorat, en vers François par Joachim du Bellay, par
Jean Antoine de Baïf et par le Comte d'Alsinois, et en Italien par un
Autheur anonyme qui ne se voulut faire cognoistre alors que par ces lettres
capitales : I.P.D.M. Mais outre tout cela, c'est là que l'on void cette excellente Ode Latine de Jean Dorat, qui commence :
  Qualis quadrigis raptus ab igneis
  Sublime Vates, in liquidum aethera, etc.,
avec la version Italienne du mesme Autheur anonyme et les Versions Françoises de ces trois illustres Poëtes Pierre de Ronsard, Joachim du Bellay et
Jean Antoine de Baïf, qui, par leur agréable concurrence, la traduisirent à
l'envy l'un de l'autre » (pp. 164-167).
96. GS [*ode pastorale et*]

CHARLES UTENHOVE[97]

Charles Utenhove se rendit si agréable à nos illustres poëtes françois que Joachim du Bellay, Pierre de Ronsard, Olivier de Magny et plusieurs autres l'eurent en grande estime et en grande vénération.

. . . .

Pierre de Ronsard, dans un de ses plus beaux poëmes du Bocage roïal à monsieur de Foix, conseiller du roy, débute ainsy en l'honneur de ce Flamand :

> Ton bon conseil, ta prudence et ta vie
> Seront chantés du docte Utenhovie,
> A qui la Muse a mis dedans la main
> L'outil pour faire un vers grec et romain.

(t. VI)

PONTUS DE TYARD

Si nous en croyons Pierre de Ronsard, qui parle toujours fort honorablement de luy en plusieurs endroits de ses œuvres, particulièrement dans une élégie qu'il addresse à Jean de la Péruse, Pontus de Tyard fut le premier en France qui apporta l'usage des sonnets.

. . . .

Remy Belleau, dans ses commentaires sur le deuxième livre des amours de Ronsard, expliquant le premier sonnet que cet excellent poëte addresse à son excellent amy Pontus de Tyard, l'appelle un des plus doctes hommes de son temps.

. . . .

Claude Binet, dans sa vie de Ronsard, dit que Tyard fut du nombre de ces doctes et rares esprits que le roy Henry III choisit pour composer cette célèbre académie qu'il fonda de

---

97. Copie Aimé Martin, ff. 489-491 vº.

son temps et que les désordres du royaume anéantirent après
sa mort.

(t. VI)

CLAUDE DE TRELON

Quoiqu'il n'eut aucune connoissance de l'ancienne ni
peut-être de la moderne poësie, il eut dès sa jeunesse tant d'inclination à faire des vers qu'à l'âge de 14 ou 15 ans, comme il
dit lui-même, il composa une bonne partie de ceux que nous
avons de lui ; c'est pourquoy je ne perdray pas le temps à les
examiner, puisque, étant en un âge plus avancé, il en connut
lui-même les défauts et les taches, et qu'il supplie le lecteur
d'en excuser les rimes licencieuses, se servant assez mal à propos de l'exemple de Ronsard, lorsqu'il dit qu'à l'imitation de
ce grand poëte, qui a rompu la glace, il conjure ceux qui le
liront de n'être point trop rigoureux à le reprendre. Mais ce
que Ronsard faisoit par humilité, Trelon le faisoit par un
principe d'orgueil et de présomption s'égalant tacitement à
celuy duquel il ne valloit pas l'ombre.

. . . .

Je me souviens que le premier livre de poësie qui soit
jamais tombé entre mes mains à été la *Muse guerrière* de Trelon. Je n'avois pas sept ans que je la savois presque entière par
cœur. Mais comme à sept ans je l'avois fort estimé, je commençoy de le mépriser à douze, et ce d'autant plus justement
que ce fut en ce tems-là que je commençoy de lire les doctes
œuvres du grand Ronsard et les conférer avec les ouvrages de
l'ancienne Grèce et de la vieille Rome.

(t. VI)

PHILIPPES TOURNIOL

Bartol et Cujas étoient son étude, mais Horace et Ronsard étoient son plaisir, et il temperoit si bien l'un et l'autre
qu'il n'étudioit ni ne se divertissoit pas toujours. Dans tous les

hymnes de son invention qui sont conçus en stance de quatre
et six vers selon le style de son temps, il y affecte de telle sorte
les pointes et les contre-batteries de mots, que les amateurs de
la véritable poësie, qui ne consiste point en ces vaines subtili-
tés, mais en pensées solides, nobles et relevées, ne prendront
pas beaucoup de goût en cette lecture. Ronsard prévoïoit bien
sans doute de son temps cette décadence future de la poësie
françoise, lorsque dans son excellente ode à ce grand chancelier de France, Michel de l'Hospital, il dit :

> Après ces poëtes saincts,
> Dans une foule plus grande,
> Arriva la jeune bande
> D'autres poëtes humains ;
> Degenerans des premiers,
> Comme venus les derniers,
> Par un art mélancolique
> Trahirent avec grand soin
> Les vers esloignez bien loin
> De la sainte ardeur antique.

. . . .

Il n'appartient qu'aux Horace, même qu'aux Ronsard et
qu'aux Garnier, comme je montrerai quelque jour, de suivre
les traces lumineuses de ce grand poëte (Pindare), qui est toujours dans les nues et qui voit presque tous ses imitateurs ram-
per sur la terre.

                                                              (t. VI)

FRANÇOIS TILLIER

Ce n'est pas qu'il ait également réussi dans tout ce qu'il a
fait puisque, après avoir composé des vers grecs et latins que
les sçavants hommes de son siècle approuvèrent et qui peuvent être encore approuvés de la postérité, il se voulut mêler
de composer des vers françois que Pierre de Ronsard, quoiqu'il fût alors son voisin et peut-être son ami, puisqu'il parle

de lui partout si magnifiquement, ne jugea pas sans doute dignes de la lumière du jour. Aussi, comme il n'y a qu'un seul soleil au monde, il est bien difficile qu'une seule province soit capable de porter en même temps deux excellents poëtes. C'est un effort que la nature ne fait que rarement et un miracle de son tems adorable à tous les siècles.

. . . .

Parmy ses vers en langue étrangère, il y inséra quelques uns de ses vers en langue vulgaire comme ce poëme d'assez longue haleine qu'il dédie à François de Bourbon, prince dauphin, et qui commence de la sorte :

Esclave de malheur, plein de soucis divers...

Et le reste dont le style traînant et dur au possible témoigne assez que la poësie françoise était aussi peu son talent que la poësie latine était celui de Ronsard.

(t. VI)

JACQUES DE LA TAILLE

Jean de la Taille, en parlant de lui dans une de ses épîtres préliminaires adressée à François d'Angennes, chevalier, seigneur de... dit que ce jeune poëte, son frère, s'estoit acquis déjà la gravité de Ronsard, la facilité de du Bellay et la promptitude de Jodelle.

(t. VI)

ARNAUD SORBIN

Plusieurs savants hommes du siècle précédent et du nôtre même ont parlé de luy avec éloge. Entre les autres, Pierre de Ronsard lui adressa un sonnet sur la vie du roi Charles IX, qui se trouve au frontispice de ce livre et parmi les épitaphes même de ce grand poëte qui étoit de ses amis.

(t. VI)

MAURICE SCEVE[98]

Pierre de Ronsard a parlé fort avantageusement de luy dans ses œuvres, jusques-là mesme que Claude Binet, dans la vie de ce prince de nos poëtes, dit qu'il luy donnoit un des premiers rangs entre ceux qui avoient en France commencé à bien escrire.

. . . .

Louis Le Caron, dit Charondas, dans son poëme intitulé *le Ciel des Grâces*, imprimé avec ses autres poésies, l'an 1554, luy donne un rang honorable parmy les poëtes sacrez de son siècle :

> Qui vous a ravis aux cieux,
> Ronsard, Saingelais, Jodele,
> Sceve, Bellay gracieux,
> Esprits de gloire immortelle, etc.

. . . .

La Croix du Maine, Antoine du Verdier, Georges Draude et l'auteur du promptuaire des livres françois, ont dans leur bibliothèque parlé de luy avec beaucoup de defférence, l'appelant homme docte, grand en sçavoir, excellent poëte et orateur de son tems, grand rechercheur de l'antiquité, esprit esmerveillé, doué d'un grand jugement et plein de singulières inventions ; que pourroit-on dire davantage d'Aristote ou d'Homère, de Virgile ou de Ronsard, de l'Arioste ou du Tasse ?

(t. VI)

ESTIENNE TABOUROT[99]

Certes mon tesmoignage me semble de fort peu de poids auprès de celluy des grands hommes. Je mets en ce rang

─────────────

98. Copie Aimé Martin, ff. 456-461.
99. Copie Aimé Martin, ff. 466-468.

Estienne Pasquier que j'ay connu et qui m'a aymé dès ma plus
tendre jeunesse. Voici comme il parle des *Bigarrures* de
Tabourot dans une de ses lettres meslées, liv. 8, let. 12, qu'il
addresse à l'autheur :

> « J'ay leu vos belles Bigarrures et les ai leues de
> bien bon cœur, non-seulement pour l'amitié que je
> vous porte, mais aussy pour une gentillesse et une
> naifveté d'esprit dont elles sont plaines, ou pour
> mieux dire pour estre bigarrées et diversiffiées d'une
> infinité de beaux traits », et il ajoute à cela un souhait
> que j'ay faict quelquefois aussy bien que luy :
> « j'eusse souhaitté, dit-il, qu'à la seconde impression
> on n'y eust rien augmenté. S'il m'est loisible de devi-
> ner il me semble que l'on y a augmenté plusieurs
> choses qui ne se ressentent en rien de vostre naïf et
> croirois fort aisément que c'eust été quelque autre
> qui vous eust presté cette nouvelle charité ».

Je veux mal à ceux qui s'ingèrent de mesler leurs pensées
à celles d'autruy. Certes il n'y a toujours eu que trop de ces
regratteurs de livres, et je souhaitterois encore qu'il y eust un
officier à gage qui prist le soin de voir si dans les éditions nouvelles des ouvrages des excellents hommes on n'y adjoute rien
qui ne soit pas de leur creu et qui soit contraire à leur génie ou
indigne de leur réputation. A ce propos, je diray icy la protes-
tation solennelle que je fis un jour à la fameuse mademoiselle
de Gournay que j'honore fort d'ailleurs : elle s'advisa de faire
réimprimer quelques poëmes de Ronsard, et entre les autres
celluy qui commence par cest mots :

Que Charles l'empereur, qui se donne en songeant
Tout l'empire du monde, etc.

avec une grande et flatteuse préface par laquelle elle donnoit
advis au lecteur qu'elle avoit recouvré une nouvelle coppie
des œuvres de Ronsard toute corrigée de sa main propre, et

que suivant ces corrections elle communiquoit deux ou trois pièces au publicq en attendant toutes les autres aussy corrigées de l'autheur, ce qui estoit supposé, car il ne tomba jamais de coppie entre ses mains des œuvres de Ronsard avec ses corrections, comme elle m'advoua franchement elle-mesme, mais c'est qu'elle croyoit rendre un bon office à la mémoire de ce grand poëte d'accomoder son style au style de ce temps, de changer quelques mots et quelques phrases qu'elle croyoit un peu rudes, et de réduire quelques unes de ses rimes licentieuses à la superstition de notre siècle. Après tout, quelque soin qu'elle y apportast, les vers de Ronsard, dans leur naturel, ont je ne sçay quelle vigueur et je ne sçay quel esprit qui ne se rencontre pas dans les corrections qu'elle avoit faittes elle-mesme et qu'elle vouloit faire passer à la postérité pour estre de Ronsard.

(t. VI)

SCALION DE VIRBLUMEAU

Voici le premier de ses sonnets pour Angélique :

Cil qui voudra cognoistre le pouvoir
D'un arc d'acier, d'une flesche pointüe,
Quel feu cuisant dans mon cœur s'esvertüe,
Ce que l'effort contre amour peut valoir,
    Quelle vigueur il me fait recevoir,
Comme il me fait vivre et comme il me tüe,
De quels assauts mon âme est abattüe,
Vienne vers moy affin de le sçavoir ;
    Il cognoistra par physionomie
La cruauté, la tempeste et furie
D'un traistre archer, et voiant ma couleur
    Il trouvera qui la rend aussi blesme,
En cognoissant qu'une beauté supresme
Est le motif de ma peine et douleur.

Voilà certes une très-mauvaise copie d'un excellent original. Il n'y a personne, pour peu versée qu'elle soit dans notre poësie françoise, qui ne voie clairement qu'il a voulu imiter le premier sonnet des amours de Ronsard pour Cassandre, qui commence ainsi :

> Qui voudra voir comme amour me surmonte, etc.

Mais non-seulement il l'a imité dans ce sonnet, mais c'est encore à son exemple qu'il a composé le premier livre des amours d'Angélique en vers décasyllabes, comme les deux derniers livres en vers alexandrins, ordre que Ronsard avoit tenu dans ses trois livres des amours de Cassandre, de Marie et d'Hélène.

(t. VI)

CLÉMENT DE SAURS

Son recueil de poësies contient des sonnets, des odes, des élégies et plusieurs autres poëmes amoureux qu'il composa pour une dame qu'il aimoit et qu'il appelle Jeanne. Et en cela son intention étoit de l'éterniser à l'égal des Cassandre et des Diane de Ronsard et de Desportes. Mais certes il en fut bien éloigné puisque le nom de sa maîtresse et le sien même sont morts éternellement avec son livre, si ce n'est par hazard qu'ils ressuscitent dans le mien. Mais comme je suis en possession de rapporter toujours ici quelque chose de nos poëtes dont je parle, voici le premier des sonnets amoureux de celui-ci :

> Qui voudra voir, exempt de sa rigueur,
> Quel est l'amour, quelles sont ses flamesches,
> Quel est son arc et quelles sont ses flesches,
> Qu'il vienne voir l'enfer de ma langueur.
> Qui voudra voir sous les pieds d'un vainqueur
> Un flanc percé de mille et mille bresches,
> Et comme encore un chaut désir desseche

D'un pauvre amant et le sang et le cœur ;
    Vienne vers moy, et contemplant la cendre
De la raison d'une jeunesse tendre,
Pleure mon sort et blâme ce pervers.
    Il verra lors son trophée et sa gloire
   Pendus à l'œil qui causa sa victoire
Et la fureur des assauts dans mes vers.

    C'est une chose étrange que le premier sonnet de Ronsard, qui commence ainsi :

    Qui voudra voir comme amour me surmonte, etc.

ait fait tant de mauvais singes ! Vous diriez que la plupart de ceux de son temps, et après son temps même, n'eussent seû par où débuter leurs sonnets amoureux s'ils n'eussent eu celui-là pour règle et pour modèle. Mais, ô misérables copies, que vous êtes aussi éloignées du mérite de cet original qu'un simple grotesque commencé est éloigné des portraits achevés de Michel-Ange !

                                     (t. VI)

INDEX DES NOMS

Achille, 55, 139.

ACQUAVIVA (Anne d'ATRI), 58, 133, 134.

Admirée, 148.

AIMÉ MARTIN (Louis), 8, 22, 103, 108, 117, 122, 123, 129, 135, 138, 141, 142, 145, 147, 148, 150, 154.

Alcide, 71.

ALDOBRANDINI (Cinzio), cardinal, 68.

ALLACCI (Leone), 20.

ALPHONSE II, duc de Ferrare, 68.

ANACRÉON, 94, 119, 120.

ANGELIO (Pietro) de Barga, 79.

Angélique, 156, 157.

Apollon, 3.

APOLLONIUS RHODIUS, 66, 80.

ARÉTIN (Pierre), 68.

ARGENT (Abel d'), 84.

ARIOSTO (Lodovico), 80, 154.

ARISTOTE, 128, 154.

ASSELINEAU (Charles), 20.

AUBERT (Guillaume), 84.

AUBIGNÉ (Théodore Agrippa d'), 21.

AUBIN DE MORELLES (David), 140.

AUGUSTE, 46, 65, 86.

AUVRAY (Jean), 84.

AYMAR DE CHEVIGNY (Jean), 84.

AVOST (Jérôme d'), 107.

Astrée, 58, 99.

BABOU (Françoise), dame d'Estrées, 99.

BAGNI (*probl.* Francesco), 20.

BAÏF (Guillaume de), 112.

BAÏF (Jean-Antoine), 36 à 39, 46, 52, 53, 56, 82, 84, 91, 94, 95, 108, 109 à 112, 120, 121, 124, 128, 132, 147 à 149.

BAÏF (Lazare de), 37, 38, 94, 108, 109.

BAILLET (Adrien), 95.

BALMAS (Enea), 102.

BARBEROUSSE (KHAIR AD-DIN), 68.

BARBIER (Antoine-Alexandre), 9.

BARGEUS, voir ANGELIO (Pietro) de Barga.

BARTHÉLEMY (Édouard), 143.

BARTOL (*probl.* BARTOLI Cosimo), 151.

BAUDRILLART (Henri), 23.

BEAUDOIN (Jean), 116.

BEAUJEU (Christofle de), 117.

BECQ DE FOUQUIÈRES (Louis), 95, 111, 112.

BELLEAU (Rémy), 31, 57, 67, 93, 94, 99, 108, 117 à 121, 129, 135, 140, 150.

BELLEFOREST (François de), 87.

BELLENGER (Yvonne), 123.

BEMBO (Pietro), 17, 27, 55.

BEREAU (Jacques), 129.

BERENGARIUS, 50.

BERGER (Bertrand), 102.

BÉROALDE (François de), 130.
BERRY (André), 101.
BERTAUT (Jean), 26, 91, 140.
BERTHELOT (Nicolas), 144.
BESLY (Jean), 73.
BILLARD (Claude), 131.
BINET (Claude), 18, 24, 31 à 34, 48, 52, 55, 64, 76, 84, 91, 93 à 102, 108, 129, 137, 142, 143, 147, 150, 154.
BIRAGUE (Flaminio de), 84.
BLANCHEMAIN (Prosper), 8 à 11, 18, 19, 21, 23, 24, 27, 93, 95, 96 à 98, 100 à 104, 109, 147.
BODIUS (Alexandre), 80, 103.
BOILEAU-DESPRÉAUX (Nicolas), 20, 24.
BOLET LA CHAPELLE (René), 141.
BONNEFON (Paul), 21 à 23.
BOSQUIER (Philippe), 84.
BOTERO (Rodolphe), 88.
BOURBON (François de), 153.
BOURNISE (Étienne), 84.
BRACH (Pierre de), 84, 131 à 133.
BRANTÔME (Pierre de), 24.
BRAY (Étienne de), 67.
BRAY (René), 14, 26.
BRETONNAYAU (René), 84.
BRISSON (Barnabé), 117.
BUCHANAN (George), 135.
BUDÉ (Guillaume), 108.
BUON (Gabriel), 51, 93.

CALLIMAQUE, 71.
Calliope, 83, 100.
Callyrée, 58, 133, 134.
CAILLER (Raoul), 85, 103.
CAMOLA (Giacomo Filippo), 20.
Castor, 60.
CATHERINE DE MÉDICIS, reine de France, 59, 67, 75, 111, 126.
CATON, 43.
CATULLE, 98.
CERTON (Pierre), 63.
CÉSAR, 88, 135.

CHAMARD (Henri), 22, 27, 95, 97, 101.
CHAMPION (Pierre), 101.
CHARLES, duc d'Orléans, 3e fils de François 1er, 34 à 36, 93.
CHARLES IX, roi de France, 45, 58, 90, 63, 65, 66, 76, 77, 95, 99, 133, 134, 140, 143, 153.
CHARLES QUINT, 35, 68, 74, 75, 108, 155.
CHÂTELLERAULT (Mme de), Diane de France, duchesse d'Angoulême, 94.
CHÂTEAUVILLAIN (comtesse de), voir ACQUAVIVA (Anne d'ATRI).
CHEMINARD (Pierre), 84.
CHOISEUL (Christofle de), 67.
CHOLIÈRES (Nicolas de), 133.
CHRESTIEN DE LA BARONIE (Florent), 71, 73, 127, 134, 135.
Cinthie, 37.
CLAUDIEN, 73.
CLAVIER (Guillaume), 134.
Cléonice, 60, 100.
COCCAYE (Merlin), 72, 73.
COIGNARD (Gabrielle de), 84.
COLIGNY (Odet de), cardinal de CHÂTILLON, 75.
COLLETET (François), fils de Guillaume, 8, 9, 11, 18, 20, 22 à 24, 94, 116.
COLOTTE (Pierre), 26.
Corinne, 37.
COSTE (Hilarion de), 92.
COVARRUBIAS Y LEYVA (Diego), 80.
CRITTON (George), 24, 39, 47, 87, 90, 91, 95, 103.
CUJAS (Jacques), 151.

DAURAT (Jean), 38, 39, 41, 62, 65, 78, 82 à 84, 86, 91, 109, 111, 114 à 116, 124, 127, 147, 149.
David, 132.
Déianire, 71.
Délie, 37, 128.

DEIMIER (Pierre de), 13, 26, 84.
DEMERSON (Guy), 27.
DENISOT (Nicolas) ou le comte d'Alsinois, 149.
DES AUTELS (Guillaume), 84, 100, 122-123.
DESCAURRET (Jean de), 84.
DESONAY (Fernand), 14, 26, 94, 98, 99.
DESPORTES (Philippe), 13, 21, 26, 60, 108, 112, 120, 121, 140, 157.
DES ROCHES (Mme), voir NEVEU (Madeleine).
DES SÉGUINS, voir GELLIBERT DES SÉGUINS.
DEZEIMIRIS (Reinhold), 132.
Diane, 157.
DIDEROT (Denis), 17.
DORAT, voir DAURAT (Jean).
DOUBLET (Jean), 84.
DRAUDE (Georges), 154.
DU BARTAS (Guillaume SALLUSTE), 13, 78, 85, 92, 103, 113 à 117, 131 à 133, 140, 145.
DU BELLAY (Joachim), 10, 18, 61, 62, 65, 81, 83, 103, 108, 111, 123 à 129, 148, 150, 154.
DU BOURG (Jean-Baptiste), évêque de Rieux, 137.
DU BRAY, 67.
DU BUYS (Guillaume), 84.
DUCHI (Filippa), mère de Diane de France, 94.
DU FAUR DE PIBRAC (Guy), 21, 45, 112.
DU FAUX (Pascal), 33.
DU LORENS (Jacques), 84.
DU MAY (Pierre), 84.
DU MONIN (Jean-Édouard), 78, 82, 103, 115, 142-143.
DU PERRON (Jacques DAVY), 24, 26, 31, 34, 47, 73, 76, 93, 95, 99, 112.
DU PEYRAT (Guillaume), 24.
DU PUYS (Blaise), 84.

DURAND DE LA BERGERIE (Gilles), 91.
DURAND DE LANÇON, 23.
DURET (Claude), 86.
DU TRONCHET (Étienne), 107.
DU VERDIER (Antoine), 25, 91, 135, 154.
DU VERDIER (Claude), 24, 54, 98.

ELBEUF (Charles de LORRAINE, marquis d'), 117.
ELBEUF (René de LORRAINE, duc d'), 118.
ÉLISABETH, reine d'Angleterre, 45.
Élise, 138.
EMPÉDOCLE, 139.
Enée, 139.
ENNIUS DE BALIEUVRES, 142.
Ente, 137.
ESPINAY (Charles d'), 84, 135.
ESTIENNE (Charles), 37, 108.
ESTIENNE (Henri), 80, 119.
ESTIENNE (Robert), 91.
ESTRÉES (Gabrielle d'), 99.
EURIPIDE, 112.
Eurymédon, 58, 134.
EVERS (Helen), 24.

FAISANT (Claude), 25, 102.
FAUCHET (Claude), 25.
FAVRE (Antoine), 24.
FEUGÈRE (Léon), 9, 10, 15, 16, 21, 23, 24, 26, 27.
FLORA (Francesco), 14.
Flore, 56, 58, 72, 141.
Floride, 130.
FOIX (Paul de), 150.
FONTAINE (Charles de), 81.
FONTENELLE (Bernard LE BOUVIER de), 17.
FRANCHET (Henri), 102.
Francine, 109 à 111, 148.
FRANÇOIS Ier, roi de France, 31, 32, 34, 35, 46, 68, 87, 90, 108.

FRANÇOIS II, roi de France, 34, 48, 93.
Francus, 66, 115, 129.
FRÉNICLE (Nicolas), 92, 104.
FUCHS (Max), 14, 26.

GACHET D'ARTIGNY (abbé Antoine), 20.
GADDI (Giacomo), 91.
GADOFFRE (Gilbert), 18, 27, 94.
GADON (Adrien de), 84.
GALLAND (Jean), 40, 50 à 52, 59, 64, 87, 91, 97.
GALLUS, 37.
GARAPON (Robert), 98, 99.
Gargantua, 97.
GARNIER (Claude), 14, 24, 64, 70, 76, 121, 129, 147, 148, 152.
GARNIER (Robert), 91.
GARNIER (Sébastien), 25.
GASSOT (Jules), 67.
GAUCHIER (François), 84.
GAUTIER (Théophile), 20, 27.
GAY (L.M.), 26.
GELLIBERT DES SÉGUINS (Ernest), 9, 22, 23, 148.
GENDRE (André), 94, 101.
Genèvre, 69, 70, 98, 101.
GIRALDI (Lilio Gregorio), 20.
Glauce, 100.
Goliath, 132.
GOUDIMEL (Claude), 63.
GOUJET (l'abbé Claude-Pierre), 20.
GOULU (Nicolas), 85, 91.
GOURNAY (Marie LE JARS de), 14, 74, 102, 155.
GOUVERNEUR (A.), 117.
GRÉGOIRE LE GRAND (saint), 77.
GRENIER (Jacques), 86.
GRÉVIN (Jacques), 67, 81, 84, 101, 135.
GUIFFREY (Georges), 20.
GUILLOT (Jacques), 136.

GUISE (Charles de), cardinal de LORRAINE, 73, 96, 102.
GUISE (François, duc de), 74, 102, 118.

HABERT (Isaac), 25, 84.
HABERT (François), 82, 144.
HALLMARK (R.E.), 102.
HENRI II, roi de France, 34, 37, 44, 46, 65, 144.
HENRI III, roi de France, 46, 48, 67, 95, 110 à 112, 140, 150.
HENRI IV, roi de France, 139.
HERBERAY (Nicolas de), 149.
Hercules, 71, 72.
HÉSIODE, 41, 62.
HOMÈRE, 13, 41, 62, 63, 66, 71, 94, 115, 139, 154.
HORACE, 36, 80, 98, 125, 144, 151, 152.
HOTOMAN (Antoine), 91.
HUMIÈRES (Claude d'), seigneur de Lassigny, 36.
HURAULT (Jacques), 136.

IMBERT (Barthélemy), 20.
ILSLEY (Marjorie H.), 102.
ISAURE (Clémence d'), 45.

JACQUES V, roi d'Écosse, 35, 93.
JAMIN ou JAMYN (Amadis), 58, 65, 90, 91, 108, 112, 120, 133, 137.
JANNEQUIN (Clément), 63.
JANNINI (Pasquale A.), 5, 6, 14, 20, 25, 26, 104.
Jeanne, 58, 157.
JEANNE D'ARC, 129.
JODELLE (Étienne), 76, 127, 138, 141, 154.
JOLIAS, 141.
JONAS, prophète, 72.
JOYEUSE (Anne, duc de), 46, 111, 112.
JOVE (Paul), 68.
JUNG (M.-R.), 102.

JUVÉNAL, 77, 102, 144.

KÄTZ (Richard A.), 14, 26, 102.

L'ANGELIER (Abel), libraire, 107.
LA BOËTIE (Étienne de), 85.
LA CHASTAIGNERAYE (Héliette de Vivonne de), 60.
LA CHÉTARDIE (Joachim de), 88, 89.
LACROIX (Paul), le Bibliophile Jacob (le père Jacob), 20.
LA CROIX DU MAINE (François GRUDÉ, sieur de), 25, 91, 135, 154.
LAFAY (Henri), 20, 25, 26, 104.
LA HAYE (Maclou de), 84.
LA JESSÉE (Jean de), 64, 100.
LAMBIN (Denis), 86, 123.
LANNOY (Charles de), vice-roi de Naples, 32.
LANSON (Gustave), 20.
LA PÉRUSE (Jean de), 22, 62, 84, 100, 127, 144, 148, 150.
LAPORTE (Georges), 85.
LA PORTE (Maurin de), 85.
LA ROCHE (Pierre de), 84.
LASPHRISE, le capitaine (Marc PAPILLON), 84.
LA TAILLE (Jacques de), 65.
LA TOUR (Isabeau de), Mlle de LIMEUIL, 57, 98.
LAUDUN D'AIGALIERS (Pierre de), 25, 84, 139-140.
LAUDUN (Robert), 139.
LAUMONIER (Paul), 24, 27, 93 à 102, 143.
Laure, 37, 54, 90.
LEBÈGUE (Raymond), 93, 98.
LE BESGUE (Jules-César), 130-131.
LE CARON (Louis), dit CARONDAS, 81, 103, 127, 154.
LE CHEVALIER D'AGNEAUX (Antoine), 25.

LE CHEVALIER D'AGNEAUX (Robert), 25.
LE COMTE (Michel), 134.
LEFEBVRE DE LA BODERIE (Guy), 82, 103.
LEFEBVRE DE LA BODERIE (Nicolas), 83, 103.
LELONG (Jacques), 22, 23.
LE LOYER (Marguerite), 141.
LE LOYER (Pierre), 81, 103, 141-142.
LEMERRE (Alphonse-Pierre), 23.
LE MASLE (Jean), 81, 103, 128.
LEROY (Adrien), 90.
LE ROY (Louis), 86.
LESCOT (Pierre), 44.
L'ESTOILE (Pierre Taisan de), 25.
LINGENDES (Jean de), 140.
L'HOSPITAL (Michel de), 43, 63, 65, 96, 132, 152.
LOISEL (Antoine), 91.
LONGNON (Henri), 101.
LORRAINE (Charles de), voir GUISE.
LOUIS XIII, roi de France, 5.
LUCAIN, 41, 131.
Lycoris, 37.

Madelon, 121.
MADELEINE, reine d'Écosse, 35.
MAGNY (Olivier de), 84, 126, 150.
MALHERBE (François de), 6, 13 à 15, 21, 26, 54, 94.
MARCASSUS (Pierre de), 58, 69, 75, 99, 121, 129, 147.
MARCEL (Louis), 91.
MARGUERITE D'ANGOULÊME, reine de Navarre, 22, 42, 43, 63, 96, 148-149.
MARGUERITE DE FRANCE, duchesse de Savoie, 44, 77, 102.
MARIE (l'Angevine), 56 à 59, 70, 98, 99, 127, 157.
Marie, 58.

MARIE STUART, reine d'Écosse, 45.
MAROT (Clément), 10, 20, 36, 107, 111, 142, 144.
MARTEL (Louis), 141.
MARTELLIÈRE (Jean), 94.
MARTIAL, 96.
MARTIN (Gabriel), libraire, 23.
MARTIN (Jean), 63, 142.
MARTY-LAVEAUX (Charles), 94, 96, 97, 101, 103, 111, 112.
MARULLE, 71.
MASSON (Papyrius), 65, 91, 101.
MÉCÈNE, 44, 46, 65.
Méline, 148.
MÉLISSE (Paul), 80, 91.
MÉNAGE (Gilles), 94, 100.
MÉZERAY (François de), 92.
MICHEL-ANGE, 158.
Minerve, 130.
MOLAY, thrésorier, 50.
MONIER DE LIMOGES (Martial), 133.
MONTAIGNE (Michel de), 85, 133.
MONTAUSIER (Charles de SAINTE-MAURE, duc de), 9, 23.
MOREL (Frédéric), 84.
MORENNE (Claude de), 140.
MORRISON (Mary), 98.
MOTIUS (MOTIN, Pierre), 144.
MURET (Marc-Antoine de), 37, 53 à 55, 97, 98, 102, 118, 127, 129, 141.

NAU (NAUSON ou NAUZON), secrétaire de Marie Stuart, 45.
NEVEU (Madeleine), dame DES ROCHES, 133.
NODIER (Charles), 20.
NOËL (Auguste), 94.
NOLHAC (Pierre de), 94, 97, 99.

Œnone, 65.
Olive, 62, 124, 125, 127, 148.
ORLANDE (Orlando ou Rolando di LASSO), 63.
ORLÉANS (Louis d'), 91.
Orphée, 32, 67, 71.
OVIDE, 37, 38, 41, 94.

PANAGIUS SALIUS, 87.
PANNIER (Léopold), 22, 23.
Pâris, 65.
PARIS (Gaston), 20.
PARIS (Louis), 10, 22 à 24.
PASCHAL (Pierre de), 93.
Pasithée, 128.
PASQUIER (Étienne), 10, 18, 25, 41, 45, 54, 62, 66, 80, 91, 101, 111, 138, 155.
PASQUIER (Nicolas), 21.
PASSERAT (Jean), 65, 85, 91, 121.
PASSIÉNUS, 44.
PATOUILLET, 67.
Paul (le seigneur), DUC ou DUCHI Paul.
PELETIER DU MANS (Jacques), 26, 61, 62, 79, 100, 107, 133, 145.
PERSE, 77, 102.
PÉTRARQUE, 37, 41, 54, 55, 59, 65, 90, 107, 108.
Phébus, 110.
PHILIEUL (Vasquin), 107.
PHILOMNESTE Junior, pseud. de BRUNET (Gustave), 22.
PIE V, pape, 47, 96.
PIMPONT (de), voir VAILLANT (Germain).
PINDARE, 41, 62, 82, 83, 94, 103, 125, 152.
PINEAUX (Jacques), 101.
PINON (Nicolas), 84.
PITHOU (Pierre), 91.
PLATON, 122, 123, 128.
PLINE LE JEUNE, 44, 96.
Pollux, 60.
POMPÉE, 88.
Ponocrate, 97.
POSTHIUS (Johann POST), 80.
Priam, 137.

Primevère, 72.
Printemps, 72.
PROPERCE, 37, 98.

RABELAIS (François), 18, 22, 97.
RAMUS (Pierre), 80.
RAPIN (Nicolas), 85, 91.
RATHÉRY (E.J.B.), bibliothé-
caire, 9.
RAUT (Geneviève), 58.
RÉGNAUD (Nicolas), 84.
RÉGNIER (Mathurin), 84, 143 à
145.
REMOND (Florimond de), 133.
RETZ (Albert GONDI, maréchal et
duc de), 112.
RICHELET (Nicolas), 10, 57, 63,
73, 91, 102, 121, 129, 147.
RICHELIEU (Armand-Jean du
PLESSIS, cardinal de), 25.
ROBIN DU FAUX (Pascal), 84.
ROCHAMBEAU (Achille de), 10,
18, 24, 27, 95, 102, 107, 113, 117,
123, 132, 143, 147, 148.
ROMIEU (Jacques de), 84.
ROMIEU (Marie de), 84.
RONSARD (Baudouin de), 33, 93.
RONSARD (Claude de), 34.
RONSARD (Louis de), père du
poète, 33, 34, 93.
RONSARD (Louis de), frère du
poète, 34.
ROSSANT (André de), 84.
ROUILLARD (Sébastien), 85.
ROUSSET (Jean), 14.
RUGGIERI (Cosme), 91.

SAINTE-BEUVE (Charles-
Augustin), 20, 94, 110 à 112.
SAINTE-MARTHE (Louis de), 92,
116.
SAINTE-MARTHE (Scévole de),
10, 11, 24, 82, 91, 92, 146-147.
SAINT-GELAIS (Mellin de), 22, 42,
44, 55, 95, 96, 98, 127, 149, 154.

SAINT-GELAIS (Octavien de), 22.
SAINT-ROMUALD (Pierre de), 92.
SALVIATI (Cassandre), 37, 41, 53
à 56, 58, 59, 70, 94, 98, 125 à 127,
137, 141, 148, 157.
SAND (George), 95.
SANNAZAR, 69, 142.
SAULNIER (Verdun-L.), 25.
SAURS (Clément de), 157-158.
SAUTREAU DE MARSY (Claude-
Sixte), 20.
SCALIGER (Jules-César), 25, 65,
79, 102.
SCÈVE (Maurice), 127, 128, 154.
SCHÉLANDRE (Jean de), 145-146.
SCHUSTER (Mauritius), 96.
Scylle, 100.
SEBILLET (Thomas), 25.
SÉNÈQUE, 72, 101.
SEYMOUR (Anne), 149.
SEYMOUR (Marguerite), 149.
SEYMOUR (Jeanne), 149.
SIGOGNE (Charles-Timoléon de
BEAUXONCLES, seigneur de
Sigognes), 144.
SILVER (Isidore), 93, 97, 101.
SIMONE (Franco), 25.
Sinope, 58, 99.
SOLIMAN, 68.
SONNET DE COURVAL (Thomas),
84.
SORBIN (Arnaud), 90, 153.
SORG (Roger), 94.
SPERONI (Sperone), 79.
STACE, 66.
SURGÈRES (Hélène de), 52, 58 à
60, 98 à 100, 102, 157.

TABOUROT (Étienne), 86, 154 à
156.
TAHUREAU (Jacques), 84, 147-
148.
TAMISIER (Pierre), 85.
TAMIZEY DE LARROQUE (Phi-

lippe), 7, 10, 16, 20 à 24, 26, 27, 113.
TASSO (Torquato), 68, 154.
TERPANDRE, 62, 81 à 83.
TERREAUX (Louis), 101.
TERTULLIEN, 72.
THÉOCRITE, 57, 69, 140.
THÉOPHILACTE, 71.
THÉVENIN (Pantaléon), 86.
Thoinet, 109.
THOU (Jacques-Auguste de), 25, 67, 86, 91.
THYARD (Pontus de), 85, 91, 128, 150-151.
TIBULLE, 37, 41.
TILLIER (François), 84, 103, 152-153.
TOMBELAINE (L.), 94.
TOURNIOL (Philippe), 151-152.
TOURS (Guy de), 84, 137-138.
TRAJAN, 143.
TRELON (Claude de), 84, 151.
TROUBAT (Jules), 94.
TURNÈBE (Adrien), 39, 65, 91.

UTENHOVE (Charles), 150.

VAILLANT DE LA GUERLE (Ger-main), abbé de PIMPONT, 65, 82, 91, 116, 137.
VALOIS (Philippe de), 33.
VAN BEVER (Adam), 22, 94, 101, 122, 123.
VAUPRIVAS (Antoine de), 54.
VAUQUELIN DE LA FRESNAYE (Jean), 85, 103, 128, 145, 147.
VAUQUELIN DES YVETEAUX (Nicolas), 26.
VELLIARD (Jacques) 25, 87, 95, 128.
VERNAIZON (de), 84.
VEYRIÈRES (Louis de), 25.
VIAU (Théophile de), 21.
VIGENÈRE (Blaise de), 70, 71.
VILLON (François), 144.
VIOLLET LE DUC, 9, 22, 23.
VIRBLUMEAU (Scalion de), 156-157.
VIRGILE, 10, 36, 38, 41, 65, 66, 69, 79, 80, 97, 115, 139, 140, 146, 154.

WAILLY (de), Régent du Collège de Navarre, 34.

Zéphyre, 72.
ZOROASTRE OU ZARATHOUSTRA, 82.

TABLE DES MATIÈRES

Première partie — INTRODUCTION 1

Deuxième partie — PIERRE DE RONSARD 29

Troisième partie — APPENDICE — *Ses juges et ses imitateurs* . 105

    HIÉROSME D'AVOST 107

    LAZARE DE BAIF 108

    JEAN ANTOINE DE BAIF 109

    GUILLAUME DE SALUSTE DU BARTAS 113

    CHRISTOFLE DE BEAUJEU 117

    REMY BELLEAU..................................... 117

    GUILLAUME DES AUTELS 122

    JOACHIM DU BELLAY 123

    JACQUES BEREAU 129

    FRANÇOIS DE BEROALDE 130

    JULES CŒSAR LE BESGUE 130

    CLAUDE BILLARD 131

    PIERRE DE BRACH................................. 131

    [NICOLAS] DE CHOLIÈRES 133

    FLORENT CHRESTIEN 134

    GUILLAUME CLAVIER 134

    MICHEL LE COMTE 134

    CHARLES D'ESPINAY 135

    JACQUES GREVIN 135

    JACQUES GUILLOT................................. 136

    JACQUES HURAULT 136

    AMADIS JAMIN 137

    GUY DE TOURS 137

    ESTIENNE JODELLE................................ 138

    PIERRE DE LAUDUN [D'AIGALIERS] 139

    DAVID AUBIN DE MORELLES 140

    CLAUDE DE MORENNE 140

MARC ANTOINE DE MURET 141
PIERRE LE LOYER 141
CLÉMENT MAROT 142
JEAN MARTIN 142
JEAN ÉDOUARD DU MONIN 142
MATHURIN REGNIER 143
JACQUES PELLETIER 145
JEAN DE SCHELANDRE 145
[SCÉVOLE DE] SAINCTE MARTHE.................. 146
JACQUES TAHUREAU 147
MARGUERITE DE VALOIS........................ 148
CHARLES UTENHOVE 150
PONTUS DE TYARD 150
CLAUDE DE TRELON 151
PHILIPPES TOURNIOL 151
FRANÇOIS TILLIER 152
JACQUES DE LA TAILLE 153
ARNAUD SORBIN 153
MAURICE SCEVE................................... 154
ESTIENNE TABOUROT 154
SCALION DE VIRBLUMEAU 156
CLÉMENT DE SAURS.............................. 157

Index des noms... 159

PHOTOCOMPOSÉ EN TIMES DE 11
ET ACHEVÉ D'IMPRIMER LE
1er JUIN 1983 PAR L'IMPRIMERIE
DE LA MANUTENTION A MAYENNE
N° 8309